Descubra Juegos Gratis Online

Disponibles Aquí:

BestActivityBooks.com/FREEGAMES

5 CONSEJOS PARA EMPEZAR

1) CÓMO RESOLVER LAS SOPA DE LETRAS

Los rompecabezas tienen un formato clásico:

- Las palabras se ocultan sin espacios ni guiones,...
- Orientación: Las palabras pueden escribirse hacia delante, hacia atrás, hacia arriba, hacia abajo o en diagonal (pueden estar invertidas).
- Las palabras pueden superponerse o cruzarse.

2) APRENDIZAJE ACTIVO

Junto a cada palabra hay un espacio para anotar la traducción. Para fomentar un aprendizaje activo, un **DICCIONARIO** al final de esta edición te permitirá comprobar y ampliar tus conocimientos. Busca y anota las traducciones, encuéntralas en el puzzle y añádelas a tu vocabulario!

3) MARCAR LAS PALABRAS

Puedes inventar tu propio sistema de marcado. ¿Quizás ya usas uno? También puedes, por ejemplo, marcar las palabras difíciles de encontrar con una cruz, las que te gustan con una estrella, las nuevas con un triángulo, las raras con un diamante, etc.

4) ESTRUCTURAR EL APRENDIZAJE

Esta edición ofrece un **CUADERNO DE NOTAS** muy práctico al final del libro. En vacaciones, de viaje o en casa, podrás organizar fácilmente tus nuevos conocimientos sin necesidad de un segundo cuaderno!

5) ¿HABÉIS TERMINADO TODAS LAS PARRILLAS?

En las últimas páginas de este libro, en la sección **DESAFÍO FINAL**, encontrarás un juego gratis!

¡Rápido y sencillo! Echa un vistazo a nuestra colección de libros de actividades para tu próximo momento de diversión y aprendizaje, ¡a sólo un clic de distancia!

Encuentre su próximo reto en:

BestActivityBooks.com/MiProximoLibro

En sus marcas, listos, ¡Ya!

¿Sabías que hay unas 7.000 lenguas diferentes en el mundo? Las palabras son preciosas.

Nos encantan los idiomas y hemos trabajado duro para crear libros de la más alta calidad para tí. ¿Nuestros ingredientes?

Una selección de temas adecuados para el aprendizaje, tres buenas porciones de entretenimiento, y luego añadimos una cucharada de palabras difíciles y una pizca de palabras raras. Los servimos con cariño y máxima diversión para que puedas resolver los mejores juegos de palabras y te diviertas aprendiendo!

Tu opinión es esencial. Puedes participar activamente en el éxito de este libro dejándonos un comentario. Nos encantaría saber qué es lo que más le ha gustado de esta edición.

Aquí hay un enlace rápido a tu página de pedidos:

BestBooksActivity.com/Opiniones50

Gracias por tu ayuda y diviértete!

Todo el equipo

1 - Ajedrez

เ	ว	ล	า	ผ	ู	้	เ	ล	่	น	แ	อ	อ
ม	ส	ี	ด	ำ	ฟ	ร	ข	ส	ร	ศ	ช	ุ	ห
ม	ฉ	ั	ธ	ษ	ป	ศ	ธ	ซ	เ	ก	ม	ท	พ
ค	ว	ี	น	ไ	ะ	เ	ภ	พ	ว	ล	ป	ิ	ม
ฉ	ล	า	ด	ท	ว	ร	ถ	ษ	บ	ย	์	ศ	ม
ท	ร	ใ	ญ	ท	แ	ี	จ	ษ	ฉ	ุ	ห	ไ	ศ
ก	ษ	ั	ต	ร	ิ	ย	์	ฟ	ซ	ท	ข	บ	ม
จ	ค	ค	ะ	แ	น	น	ง	เ	ม	ธ	ข	า	ว
ข	ะ	ณ	ธ	ร	ป	ร	ผ	ม	ถ	์	บ	ไ	ห
ผ	ฝ	น	ข	จ	อ	ู	ร	ฝ	ุ	ค	ภ	ม	า
ฟ	ท	ห	ล	แ	ะ	้	ธ	ส	ท	ม	ไ	ก	ภ
ค	ู	่	แ	ข	่	ง	ถ	พ	แ	ไ	ไ	ฎ	า
อ	ง	ป	ร	ู	ต	ญ	ด	ส	ห	ก	ผ	บ	ธ
ก	า	ร	แ	ข	่	ง	ข	ั	น	ฟ	ม	ส	ต

เรียนรู้
ขาว
แชมป์
เส้นทแยงมุม
กลยุทธ์
ฉลาด
เกม
ผู้เล่น
สีดำ
คู่แข่ง
รู
คะแนน
กฎ
ควีน
กษัตริย์
อุทิศ
เวลา
การแข่งขัน

2 - Agua

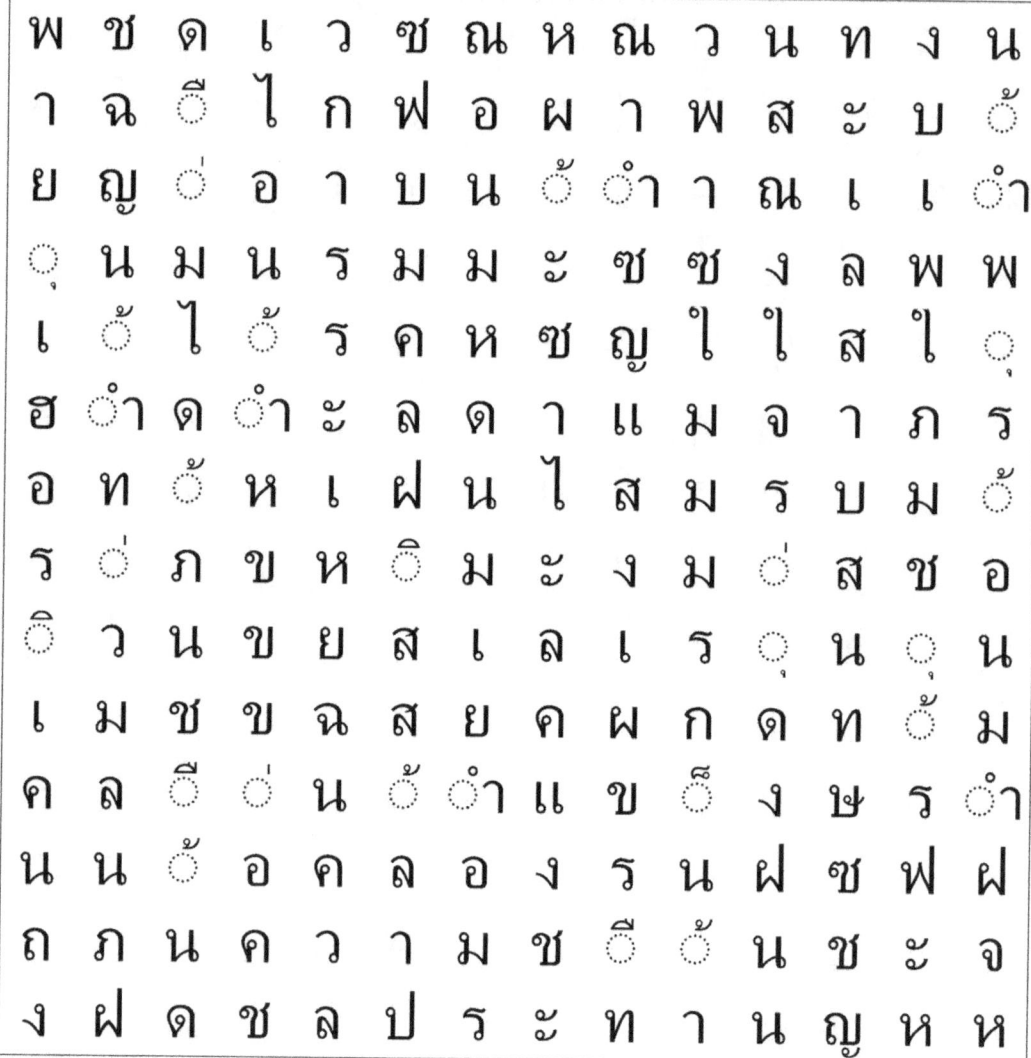

พ	ช	ด	เ	ว	ซ	ณ	ห	ณ	ว	น	ท	ง	น
า	ฉ	◌ี	ไ	ก	ฟ	อ	ผ	า	พ	ส	ะ	บ	◌้
ย	ญ	◌่	อ	า	บ	น	◌้	◌ำ	า	ณ	เ	เ	◌ำ
◌ุ	น	ม	น	ร	ม	ม	ะ	ซ	ซ	ง	ล	พ	พ
เ	◌้	ไ	◌้	ร	ค	ห	ซ	ญ	ไ	ไ	ส	ไ	◌ุ
ฮ	◌ำ	ด	◌ำ	ะ	ล	ด	า	แ	ม	จ	า	ภ	ร
อ	ท	◌้	ห	เ	ฝ	น	ไ	ส	ม	ร	บ	ม	◌้
ร	◌่	ภ	ข	ห	◌ิ	ม	ะ	ง	ม	◌่	ส	ช	อ
◌ิ	ว	น	ข	ย	ส	เ	ล	เ	ร	◌ุ	น	◌ุ	น
เ	ม	ช	ข	ฉ	ส	ย	ค	ผ	ก	ด	ท	◌้	ม
ค	ล	◌ี	◌่	น	◌้	◌ำ	แ	ข	◌็	ง	ษ	ร	◌ำ
น	น	◌้	อ	ค	ล	อ	ง	ร	น	ฝ	ซ	ฟ	ฝ
ถ	ภ	น	ค	ว	า	ม	ช	◌ี	◌้	น	ช	ะ	จ
ง	ฝ	ด	ช	ล	ป	ร	ะ	ท	า	น	ญ	ห	ห

คลอง
อาบน้ำ
การระเหย
น้ำพุร้อน
น้ำแข็ง
ความชื้น
พายุเฮอริเคน
ชื้น
น้ำท่วม
ทะเลสาบ
ฝน
มรสุม
หิมะ
มหาสมุทร
คลื่น
ดื่มได้
ชลประทาน
แม่น้ำ
ไอน้ำ

3 - Granja #2

อ	ผ	ญ	ห	ฟ	ฟ	ล	◌ู	ก	แ	ก	ะ	ผ	ร
า	ส	ล	ช	ผ	ช	า	ว	น	า	ล	ส	◌ั	ถ
ห	พ	ซ	ไ	ล	ษ	ม	ล	ษ	อ	ค	ต	ก	แ
า	ง	น	ะ	ม	ป	า	ล	ค	ไ	ณ	ภ	ค	ท
ร	ธ	ย	พ	ท	◌้	ร	ย	ฉ	ฝ	ถ	ห	น	ร
ร	◌ั	ง	ผ	◌ึ	◌้	ง	ะ	ธ	ข	โ	บ	เ	ก
ส	ว	น	ผ	ล	ไ	ม	◌้	ท	◌้	ร	า	ล	เ
แ	บ	ส	ค	ฟ	แ	เ	ไ	◌ุ	า	ง	ร	◌ี	ต
ก	ก	เ	◌ั	พ	ต	ซ	ฉ	◌่	ว	น	◌์	◌้	อ
ะ	ร	ป	ท	ต	พ	น	ณ	ง	โ	า	เ	ย	ร
ร	ว	◌็	ข	ง	ว	ม	ภ	ห	พ	ธ	ล	ง	◌์
ร	จ	ด	ง	ฟ	ฉ	◌์	ร	ญ	ด	ญ	◌่	แ	ไ
ข	◌้	า	ว	ส	า	ล	◌ี	◌้	ษ	ณ	ย	ก	ป
ต	ษ	ภ	ก	ภ	ร	ร	ณ	า	อ	ส	◌์	ะ	ต

ชาวนา
สัตว์
บาร์เล่ย์
รังผึ้ง
อาหาร
ลูกแกะ
ผลไม้
โรงนา
สวนผลไม้
นม

ลามา
ข้าวโพด
แกะ
คนเลี้ยงแกะ
เป็ด
ทุ่งหญ้า
ชลประทาน
รถแทรกเตอร์
ข้าวสาลี
ผัก

4 - Mueble

ห	ม	อ	น	ต	ม	โ	ถ	เ	ง	ย	ไ	ห	เ
ผ	ช	ด	ญ	◌ู	◌้	ค	ค	ท	ต	า	จ	ล	ก
◌้	◌ั	พ	ผ	◌้	า	ม	◌่	า	น	◌ี	ล	ณ	◌้
า	◌้	ช	ก	ห	น	ไ	โ	ซ	ฟ	า	ย	ณ	า
น	น	ล	า	น	◌ั	ฟ	ส	ไ	◌ู	ธ	เ	ง	อ
ว	ว	จ	อ	◌ั	◌่	ญ	ส	เ	ก	ผ	ป	ด	◌ี
ม	า	ฉ	ป	ง	ง	ต	เ	พ	ย	ะ	ล	ร	◌้
ห	ง	ต	ญ	ส	ง	ว	พ	ฟ	จ	ษ	ญ	ภ	ห
โ	ม	ช	ด	◌ี	อ	า	ร	◌์	ม	◌ั	ว	ร	◌์
ต	ญ	อ	ธ	อ	ห	ไ	ม	ด	จ	จ	น	ง	ถ
◌๊	เ	จ	น	เ	ผ	ท	ะ	ท	◌ี	◌่	น	อ	น
ะ	ล	ฉ	ณ	อ	ท	บ	อ	ร	ณ	ว	ท	ม	ธ
บ	ห	า	ผ	ณ	◌ิ	ก	ร	ะ	จ	ก	ภ	ข	ฟ
ด	ณ	ฝ	ษ	ป	ย	ง	ต	เ	ไ	ล	ผ	ว	ร

พรม
หมอน
อาร์มัวร์
ม้านั่ง
เตียง
หมอนอิง
ที่นอน
ผ้าม่าน
ผ้านวม
โต๊ะ
กระจก
ตู้หนังสือ
ชั้นวาง
ฟูก
เปลญวน
โคมไฟ
เก้าอี้
โซฟา

5 - Pesca

ช	ฉ	ก	เ	ก	ม	จ	ผ	แ	ล	ว	ด	ต	ญ
ฝ	ล	พ	ซ	ห	ห	ฝ	ซ	เ	บ	ไ	ส	ะ	ย
ต	จ	พ	ย	ห	ย	ว	ค	ร	◌ี	บ	ท	ข	จ
น	◌้	◌ำ	ต	ญ	ษ	◌ี	ภ	ด	น	ล	◌ำ	อ	ข
ญ	ป	ร	ต	ถ	แ	ม	◌่	น	◌้	◌ำ	อ	ก	ท
ซ	เ	ร	◌ื	อ	แ	ห	ต	อ	◌ำ	ถ	า	เ	ะ
บ	ณ	ห	แ	ค	ย	พ	า	ว	ห	ต	ห	ไ	เ
ล	ต	ค	ง	ข	พ	ด	ก	ถ	น	ษ	า	ห	ล
ไ	ต	ศ	ร	◌ื	ป	ฝ	ห	ท	◌ั	อ	ร	ช	ส
น	ร	เ	ก	ษ	อ	ษ	ต	ะ	ก	ร	◌้	า	า
ม	น	ษ	ค	ข	า	ก	ร	ร	ไ	ก	ร	ย	บ
อ	◌ุ	ป	ก	ร	ณ	◌์	ห	ศ	ฉ	ม	ฤ	ห	จ
ฟ	ภ	ค	ว	า	ม	อ	ด	ท	น	น	ด	า	ร
อ	ไ	แ	ม	ห	า	ส	ม	◌ุ	ท	ร	◌ู	ด	ศ

น้ำ
ครีบ
เรือ
เหงือก
ลวด
เหยื่อ
ตะกร้า
ทำอาหาร
อุปกรณ์
ตะขอ
ทะเลสาบ
ขากรรไกร
มหาสมุทร
ความอดทน
น้ำหนัก
ชายหาด
แม่น้ำ
ฤดู

6 - Aviones

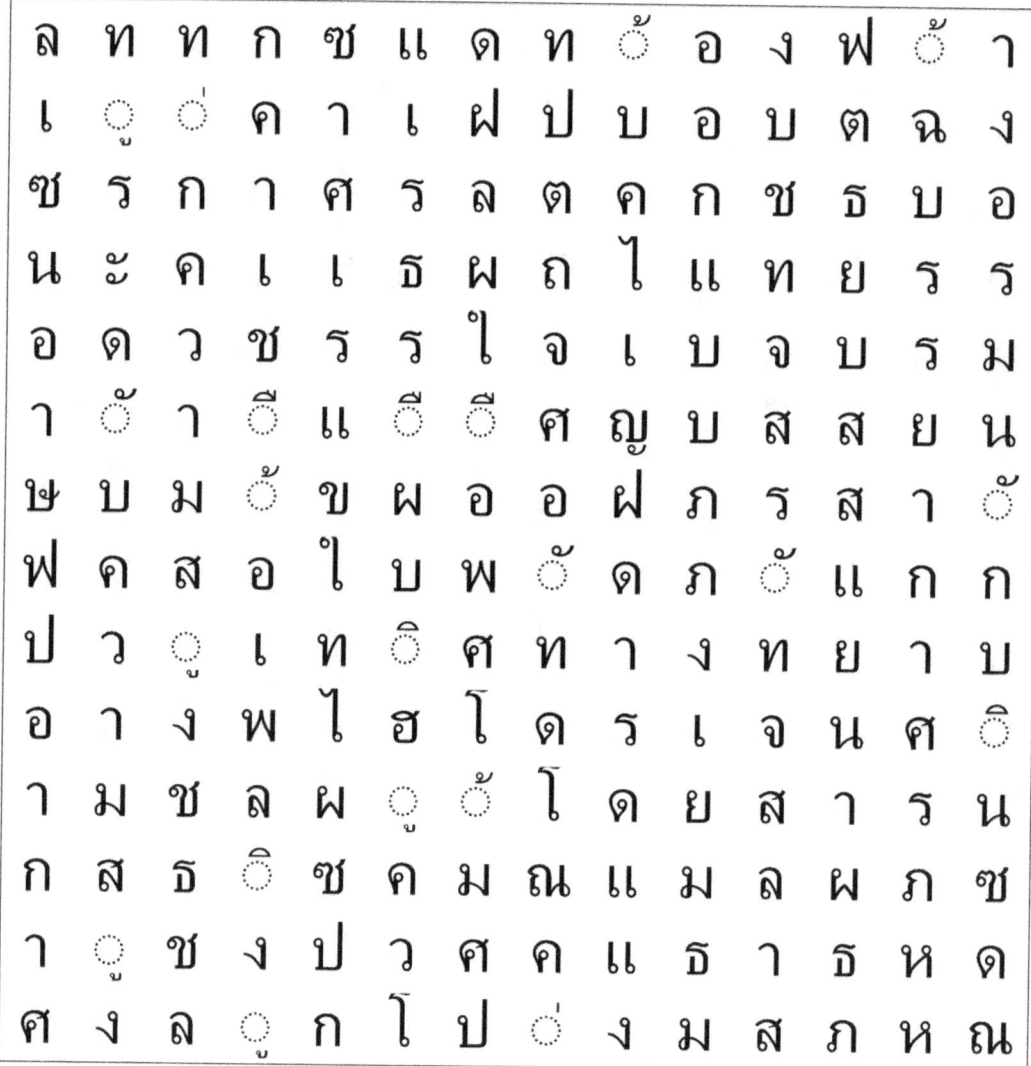

ล	ท	ท	ก	ซ	แ	ด	ท	◌้	อ	ง	ฟ	◌้	า
เ	◌ู	◌่	ค	า	เ	ฝ	ป	บ	อ	บ	ต	ฉ	ง
ซ	ร	ก	า	ศ	ร	ล	ต	ค	ก	ช	ธ	บ	อ
น	ะ	ค	เ	เ	ธ	ผ	ถ	ไ	แ	ท	ย	ร	ร
อ	ด	ว	ช	ร	ร	ไ	จ	เ	บ	จ	บ	ร	ม
า	◌ั	า	◌ี	แ	◌ี	◌ี	ศ	ญ	บ	ส	ส	ย	น
ษ	บ	ม	◌้	ข	ผ	อ	อ	ฝ	ภ	ร	ส	า	◌ั
ฟ	ค	ส	อ	ไ	บ	พ	◌ั	ด	ภ	◌ั	แ	ก	ก
ป	ว	◌ู	เ	ท	◌ิ	ศ	ท	า	ง	ท	ย	า	บ
อ	า	ง	พ	ไ	ฮ	โ	ด	ร	เ	จ	น	ศ	◌ิ
า	ม	ช	ล	ผ	◌ู	◌้	โ	ด	ย	ส	า	ร	น
ก	ส	ธ	◌ิ	ซ	ค	ม	ณ	แ	ม	ล	ผ	ภ	ซ
า	◌ู	ช	ง	ป	ว	ศ	ค	แ	ธ	า	ธ	ห	ด
ศ	ง	ล	◌ู	ก	โ	ป	◌่	ง	ม	ส	ภ	ห	ณ

อากาศ
ระดับความสูง
ความสูง
ท่าเรือ
บรรยากาศ
การผจญภัย
ท้องฟ้า
เชื้อเพลิง
ทิศทาง
ออกแบบ
ลูกโป่ง
ใบพัด
ไฮโดรเจน
ผู้โดยสาร
นักบิน
ลูกเรือ

7 - Tipos de Cabello

อ	◌่	อ	น	น	◌ุ	◌่	ม	จ	ฟ	ช	พ	ส	ล
ห	น	า	ข	บ	ถ	ห	ย	◌ิ	ก	ส	◌ั	◌ั	น
ม	ร	ค	า	ส	◌ั	น	เ	เ	ข	ส	ห	ผ	ห
ถ	จ	ธ	ว	◌ี	ก	◌ั	แ	ง	ด	◌ี	ย	ส	◌ั
ซ	ฉ	ถ	ฉ	บ	ท	ง	ษ	ข	า	ด	◌ั	ว	ว
เ	ง	◌ิ	น	ล	ส	ศ	ด	ท	◌็	◌ำ	ก	ษ	ล
ถ	เ	ะ	จ	อ	◌ี	◌ี	ภ	ฝ	ห	ง	ก	ะ	◌้
◌ั	ณ	า	ภ	น	น	ร	เ	แ	ธ	ย	แ	อ	า
ก	ส	ณ	ษ	ด	◌้	ษ	ผ	ท	บ	า	ง	ร	น
เ	ษ	เ	า	◌์	◌ำ	ะ	บ	ผ	า	ว	ต	แ	ง
ป	ท	ล	ค	อ	ต	ม	ป	ะ	ณ	ห	ไ	า	แ
◌ี	ย	เ	ษ	ไ	า	า	ร	ต	ไ	ค	ญ	ซ	ศ
ย	ว	ก	ะ	ณ	ล	แ	ห	◌้	ง	ซ	ว	ว	ม
ภ	ว	ฉ	ถ	ไ	ต	ไ	แ	ช	ง	ก	ส	เ	ช

ขาว
เงา
หนังศีรษะ
หัวล้าน
สั้น
บาง
สีเทา
หนา
ยาว
สีน้ำตาล
สีดำ
หยัก
เงิน
หยิก
สีบลอนด์
แข็งแรง
แห้ง
อ่อนนุ่ม
ถัก
ถักเปีย

8 - Ciencia Ficción

ม	ส	อ	ค	ซ	ห	เ	ส	อ	ไ	ฟ	ส	น	ช
ห	◌ุ	◌่	น	ย	น	ต	◌์	น	ก	ฉ	ถ	น	ร
◌ั	ด	ศ	ต	า	◌ั	อ	ถ	า	ด	ท	า	โ	แ
ศ	ข	ฝ	แ	ห	ง	ป	ะ	ค	พ	ซ	น	ร	ภ
จ	◌ี	ฟ	ห	ญ	ส	ข	ศ	ต	ก	แ	ก	ง	ภ
ร	ด	เ	ส	แ	◌ี	ไ	พ	ฉ	อ	ค	า	ภ	า
ร	แ	ว	◌ิ	ฝ	อ	ท	ล	บ	ส	ม	ร	า	พ
ย	ง	เ	ท	ค	โ	น	โ	ล	ย	◌ี	ณ	พ	ล
◌์	น	ณ	ธ	ล	โ	ล	ก	ไ	ท	ส	◌์	ย	ว
ม	ต	ย	◌ิ	ป	◌ึ	เ	ง	ก	ว	ธ	ถ	น	ง
พ	ฝ	ญ	◌์	ว	ส	ก	า	ล	ณ	ง	น	ต	ต
บ	ณ	ะ	น	ก	า	แ	ล	ก	ซ	◌ี	◌่	ร	า
ก	ฟ	ะ	เ	พ	◌้	อ	ฝ	◌ั	น	ข	ะ	◌์	ญ
ก	า	ร	ร	ะ	เ	บ	◌ิ	ด	บ	ะ	ท	ข	ก

อะตอม
โรงภาพยนตร์
ไกล
สถานการณ์
การระเบิด
สุดขีด
มหัศจรรย์
ไฟ
อนาคต

กาแลกซี่
ภาพลวงตา
เพ้อฝัน
หนังสือ
ลึกลับ
โลก
สิทธิ์
หุ่นยนต์
เทคโนโลยี

9 - Juguetes

ษ	ใ	ฉ	พ	ต	ห	ล	ธ	ม	ท	จ	ศ	ร	แ
ฝ	ฟ	ค	ล	ส	ม	◌ู	พ	ฉ	◌ี	ร	ณ	ถ	บ
จ	◌ิ	น	ต	น	า	ก	า	ร	◌่	ษ	ถ	ไ	เ
ฝ	ด	ถ	ฟ	ร	ก	บ	ป	ช	ช	ห	ท	ฟ	ศ
ณ	บ	ห	ห	ป	ร	อ	ร	ร	◌ื	น	ฝ	ศ	า
า	ภ	ต	ป	ถ	◌ุ	ล	◌ิ	ถ	◌่	◌ั	ฉ	ข	ย
ว	◌่	า	ว	เ	ก	ม	ศ	บ	น	ง	ห	ง	ง
เ	ถ	ะ	ย	ร	ล	ศ	น	ร	ช	ส	น	ธ	ต
ไ	น	ไ	ล	◌ื	อ	ค	า	ร	อ	◌ื	ภ	ภ	เ
ส	ล	อ	ช	อ	ง	ธ	จ	ท	บ	อ	ม	ศ	ค
จ	◌ั	ก	ร	ย	า	น	ต	◌ุ	◌๊	ก	ต	า	ล
ห	◌ุ	◌่	น	ย	น	ต	◌์	ก	ส	◌ี	ภ	ฝ	ย
เ	ค	ร	◌ื	◌่	อ	ง	บ	◌ิ	น	น	ย	พ	◌์
ง	า	น	ฝ	◌ี	ม	◌ื	อ	ท	ป	ธ	ช	ไ	ภ

หมากรุก
เคลย์
งานฝีมือ
เครื่องบิน
เรือ
จักรยาน
ลูกบอล
รถบรรทุก
รถ
ว่าว
ที่ชื่นชอบ
จินตนาการ
เกม
หนังสือ
ตุ๊กตา
สี
หุ่นยนต์
ปริศนา
กลอง
รถไฟ

10 - Circo

ด	น	ต	ร	ี	แ	ภ	ต	แ	ถ	ค	ข	ช	ป
ด	จ	ั	ห	ไ	ญ	ฉ	ค	ง	ศ	า	อ	ล	ถ
ไ	ญ	ั	ก	า	ย	ก	ร	ร	ม	ค	ร	ู	ศ
ไ	ช	ป	ก	ม	า	ย	า	ก	ล	น	ร	ก	ซ
ส	ต	ฝ	เ	เ	า	เ	ต	็	น	ท	์	โ	ช
ิ	ั	ช	ข	ส	ก	ย	บ	ช	้	า	ง	ป	ุ
ง	๋	ต	บ	ญ	ห	อ	า	ะ	ธ	เ	บ	่	ด
โ	ว	ั	ว	ะ	ร	ธ	ร	ก	ด	ค	ส	ง	แ
ต	ค	ว	น	์	ก	ง	ง	์	ล	ล	ต	ข	ต
ธ	ด	ต	แ	ส	ด	ง	ไ	ง	ู	็	ส	ล	่
ผ	ผ	ล	ห	น	เ	ล	ไ	แ	ก	ด	ท	พ	ง
ภ	ม	ก	่	ศ	ส	ต	น	ท	อ	ล	ว	อ	ก
ง	ด	ง	า	ม	ี	ไ	ษ	ไ	ม	ั	ค	ศ	า
ณ	บ	ล	ิ	ง	อ	ฟ	ธ	ม	พ	บ	บ	ฝ	ย

กายกรรม
สัตว์
ตั๋ว
ลูกอม
เต็นท์
ขบวนแห่
ช้าง
งดงาม
ลูกโป่ง
สิงโต
มายากล
นักมายากล
จักเกอร์
ลิง
แสดง
ดนตรี
ตัวตลก
เสือ
ชุดแต่งกาย
เคล็ดลับ

11 - Rellenar

ป	ท	พ	ห	ซ	ะ	อ	ช	อ	ก	ฟ	ษ	ล	เ
ะ	ค	ถ	ล	อ	เ	ถ	ศ	ร	า	ล	พ	◌ิ	ส
โ	ส	◌ุ	อ	อ	◌่	า	ง	อ	า	บ	น	◌้	◌ำ
ก	ฟ	ง	ด	◌่	ย	ด	ก	ล	◌่	อ	ง	น	ห
ร	ไ	ล	เ	า	ต	ล	ถ	ณ	า	ฉ	ป	ช	◌่
ะ	ฉ	ร	เ	ง	ซ	ะ	แ	ข	ฟ	ธ	ท	◌ั	อ
เ	จ	ข	ว	ด	ไ	อ	ก	ส	ฝ	พ	ซ	ก	ท
ป	ผ	ห	า	า	อ	ย	ง	ร	ฉ	ฟ	ศ	ล	ผ
◌๋	ห	จ	ผ	ไ	ห	ร	า	จ	◌้	ต	ษ	ณ	ย
า	ฝ	บ	ก	ฟ	ศ	ต	◌์	ภ	ด	า	ซ	ข	ป
บ	า	ร	◌์	เ	ร	ล	ป	ช	ล	ห	ม	ข	ต
ก	ล	◌่	อ	ง	ก	ร	ะ	ด	า	ษ	ม	ฝ	พ
ด	ก	อ	ส	ผ	ต	ถ	ะ	น	ฉ	ร	ย	า	ร
แ	จ	ก	◌ั	น	ไ	ถ	◌ั	ง	บ	พ	แ	ธ	ย

ถาด
อ่างอาบน้ำ
บาร์เรล
ถุง
กระเป๋า
ขวด
กล่อง
ลิ้นชัก
โฟลเดอร์
กล่องกระดาษ
ตะกร้า
ถัง
อ่าง
แจกัน
ห่อ
ซองจดหมาย
หลอด

12 - Granja #1

ร	ะ	ง	ซ	ไ	เ	ฝ	น	บ	ศ	ว	ป	ง	ถ
ภ	ง	ก	ข	ร	อ	ข	ร	ณ	ช	แ	◌ุ	ฉ	ป
ง	ล	เ	ก	ษ	ต	ร	ก	ร	ร	ม	◌๋	ล	ย
ส	น	า	ม	ต	ห	ม	า	◌ั	ษ	ว	ย	ร	ษ
แ	◌้	ง	เ	ล	ญ	◌้	ค	◌้	ค	ป	◌ั	ซ	ส
ป	◌ำ	ส	ม	พ	◌็	า	เ	ว	จ	ผ	ศ	ว	ห
ห	ผ	ะ	ท	◌ี	◌่	ด	◌ิ	น	ศ	ถ	แ	ห	น
ร	◌ึ	พ	ช	ห	แ	ด	ฝ	พ	ล	ผ	◌ึ	◌้	ง
ท	◌้	ท	ส	ต	พ	ธ	ม	ล	ฟ	า	ง	ญ	ป
น	ง	า	ย	ะ	ะ	อ	ฟ	ว	ห	ฝ	พ	ง	ส
◌่	ฟ	า	อ	ข	ม	า	ข	◌้	า	ว	ภ	ร	ว
อ	◌ี	ก	า	ฝ	น	ะ	ไ	ช	พ	เ	ษ	ย	บ
ง	ฝ	ถ	ไ	ก	◌่	จ	ย	ค	ธ	น	◌้	◌ำ	อ
ย	ว	ถ	ด	ข	น	ว	ไ	ช	ป	ม	ณ	อ	ผ

ผึ้ง
เกษตรกรรม
น้ำ
ข้าว
ลา
ม้า
แพะ
สนาม
อีกา
ปุ๋ย
แมว
ฟาง
น้ำผึ้ง
หมา
ไก่
เมล็ด
น่อง
ที่ดิน
วัว
รั้ว

13 - Camping

ฝ	อ	า	บ	ด	ม	ถ	เ	ช	◌ี	อ	ก	ณ	ส
ษ	◌ุ	ถ	ผ	ว	ไ	ฟ	ซ	ป	ป	ะ	ส	แ	ภ
จ	ป	ศ	ต	ง	ต	ด	ณ	แ	ล	ม	◌ั	เ	ว
ไ	ก	แ	ร	จ	ข	ห	ง	ผ	ฉ	ญ	ต	ม	ฟ
ม	ร	ถ	ค	◌ั	เ	ต	◌็	น	ท	◌์	ว	บ	จ
ญ	ณ	ก	ข	น	ภ	ท	า	ต	อ	ห	◌์	น	แ
ท	◌์	ญ	ย	ท	◌ู	ต	◌้	น	ไ	ม	◌้	ไ	ธ
ห	ฉ	ฝ	ร	ร	เ	ฝ	แ	ผ	น	ท	◌ี	◌่	ร
◌้	ง	ง	ข	◌์	ข	ถ	บ	ฉ	ห	ฟ	ศ	ธ	ร
า	อ	ร	ป	◌่	า	ห	ก	จ	ฝ	อ	ข	ศ	ม
ง	แ	ป	เ	ข	◌็	ม	ท	◌ิ	ศ	ส	ห	ไ	ช
พ	ม	ท	ะ	เ	ล	ส	า	บ	ฉ	ไ	ม	บ	า
ย	ล	ล	◌่	า	ส	◌ั	ต	ว	◌์	ย	ว	อ	ต
ฝ	ง	ก	า	ร	ผ	จ	ญ	ภ	◌ั	ย	ก	ฟ	◌ิ

สัตว์
การผจญภัย
ต้นไม้
ป่า
เข็มทิศ
ห้าง
แคนู
เต็นท์
ล่าสัตว์
เชือก
อุปกรณ์
ไฟ
เปลญวน
แมลง
ทะเลสาบ
ดวงจันทร์
แผนที่
ภูเขา
ธรรมชาติ
หมวก

14 - Fruta

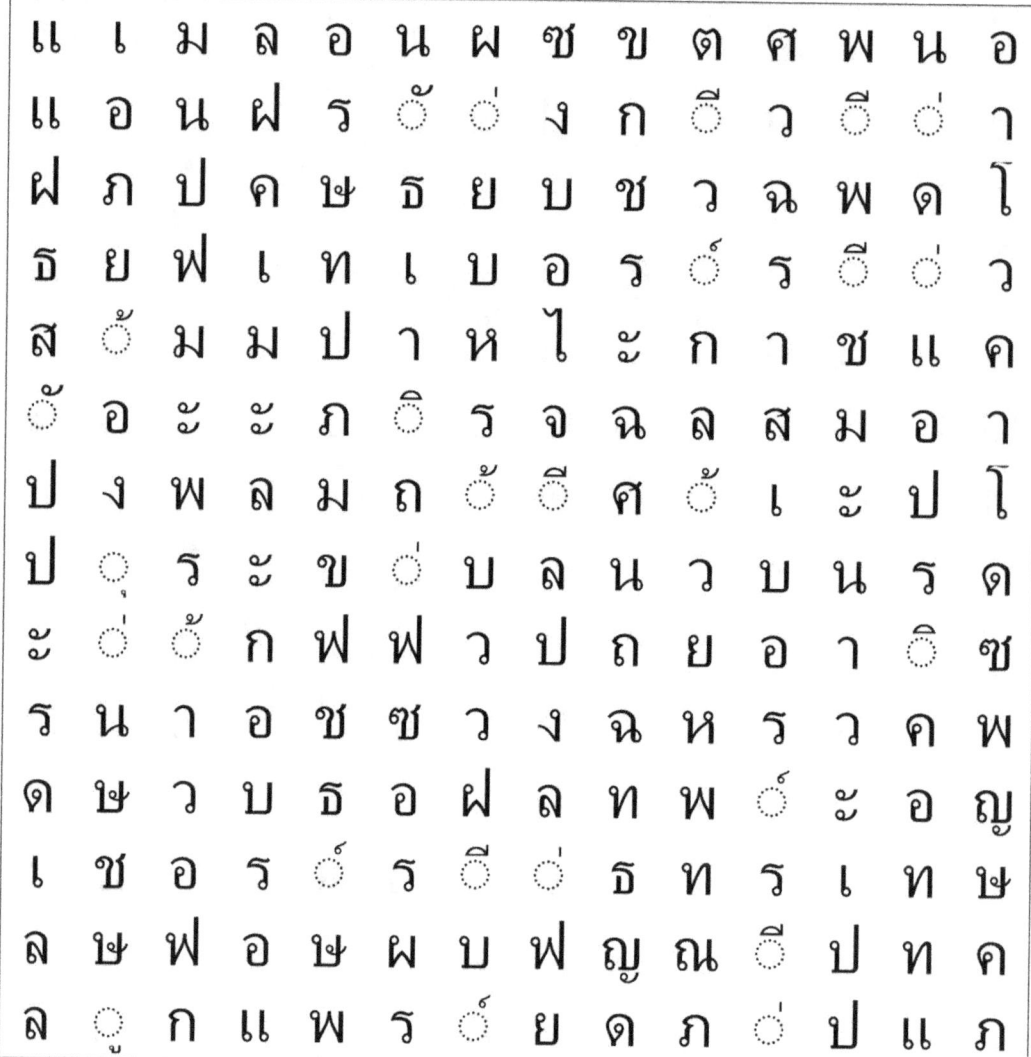

แ	เ	ม	ล	อ	น	ผ	ซ	ข	ต	ศ	พ	น	อ
แ	อ	น	ฝ	ร	◌ั	◌่	ง	ก	◌ี	ว	◌ี	◌่	า
ฝ	ภ	ป	ค	ษ	ธ	ย	บ	ช	ว	ฉ	พ	ด	โ
ธ	ย	ฟ	เ	ท	เ	บ	อ	ร	◌์	ร	◌ี	◌่	ว
ส	◌้	ม	ม	ป	า	ห	ไ	ะ	ก	า	ช	แ	ค
◌ั	อ	ะ	ะ	ภ	◌ิ	ร	จ	ฉ	ล	ส	ม	อ	า
ป	ง	พ	ล	ม	ถ	◌้	◌ี	ศ	◌้	เ	ะ	ป	โ
ป	◌ุ	ร	ะ	ข	◌่	บ	ล	น	ว	บ	น	ร	ด
ะ	◌่	◌้	ก	ฟ	ฟ	ว	ป	ถ	ย	อ	า	◌ิ	ซ
ร	น	า	อ	ช	ซ	ว	ง	ฉ	ห	ร	ว	ค	พ
ด	ษ	ว	บ	ธ	อ	ฝ	ล	ท	พ	◌์	ะ	อ	ญ
เ	ช	อ	ร	◌์	ร	◌ี	◌่	ธ	ท	ร	เ	ท	ษ
ล	ษ	ฟ	อ	ษ	ผ	บ	ฟ	ญ	ณ	◌ี	ป	ท	ค
ล	◌ู	ก	แ	พ	ร	◌์	ย	ด	ภ	◌่	ป	แ	ภ

อาโวคาโด
แอปริคอท
เบอร์รี่
เชอร์รี่
มะพร้าว
ราสเบอร์รี่
ฝรั่ง
กีวี่
มะนาว
มะม่วง
แอปเปิ้ล
พีช
เมลอน
ส้ม
เนคทารีน
มะละกอ
ลูกแพร์
สัปปะรด
กล้วย
องุ่น

15 - Geología

น	ภ	ธ	ว	ร	ก	ก	ค	ว	อ	ท	ซ	◌์	ษ
ฉ	ว	◌ู	ก	แ	ผ	◌่	น	ด	◌ิ	น	ไ	ห	ว
ญ	ซ	ผ	เ	ฝ	ส	ณ	ธ	ถ	แ	ห	บ	◌ิ	เ
ท	ว	◌ี	ป	ข	ป	ะ	ก	า	ร	◌ั	ง	น	ก
ก	ร	ด	ล	ถ	า	ไ	ร	ป	◌่	ข	ะ	ย	ล
ต	ศ	ผ	ท	ะ	ะ	ไ	ผ	ญ	ธ	ภ	จ	◌้	◌ี
ค	ค	ม	ษ	จ	ภ	ข	ฟ	ฉ	า	ถ	ภ	อ	อ
ว	ร	ย	ฟ	ช	◌ั	◌้	น	ศ	ต	อ	ภ	ย	ไ
ห	◌ิ	น	ง	อ	ก	ส	ศ	ญ	◌ุ	ข	ผ	ต	ก
◌ิ	ส	ต	ญ	ว	ส	เ	ฝ	ว	ฟ	ร	ถ	ค	เ
น	ต	แ	ค	ล	เ	ซ	◌ี	ย	ม	◌่	ส	ก	ซ
ต	◌ั	ช	ญ	า	ไ	ว	◌ิ	ง	ด	อ	บ	ร	อ
ด	ล	ว	ข	ว	จ	ป	จ	ล	จ	น	ร	ธ	ร
ท	◌ี	◌่	ร	า	บ	ส	◌ู	ง	ถ	◌ั	◌ำ	ล	◌์

กรด
แคลเซียม
ชั้น
ถ้ำ
ทวีป
ปะการัง
คริสตัล
ควอทซ์
ร่อน
หินย้อย
หินงอก
ฟอสซิล
ไกเซอร์
ลาวา
ที่ราบสูง
แร่ธาตุ
หิน
เกลือ
แผ่นดินไหว
ภูเขาไฟ

16 - Plantas

พ	ฤ	ก	ษ	ศ	า	ส	ต	ร	◌์	ร	ด	ซ	ส
ข	ซ	ฝ	ย	ย	ห	พ	อ	ไ	ค	ถ	จ	ห	ว
ถ	ม	ฟ	ศ	ก	ม	ท	ต	◌้	น	ไ	ม	◌้	น
◌ั	พ	◌ี	ช	ล	ช	ะ	ไ	ง	ซ	อ	อ	ก	ไ
◌่	จ	น	ด	◌ี	ฟ	ซ	ญ	ช	ข	ว	ส	ร	ด
ว	ช	ม	ป	บ	ษ	พ	จ	ธ	น	◌ี	ส	ะ	ว
ไ	เ	ท	◌ุ	◌่	ฟ	ล	อ	ร	า	◌่	◌์	บ	ง
ด	บ	ส	◌๋	ร	า	ก	ช	ไ	แ	ญ	บ	อ	อ
ง	อ	ไ	ย	ห	ร	ศ	ป	แ	เ	ฉ	ไ	ง	า
ด	ร	ก	ม	ฝ	ก	ษ	ถ	น	น	ไ	ม	เ	ท
แ	◌์	ห	ไ	◌้	ห	ฝ	จ	ง	ฉ	ฝ	◌้	พ	◌ิ
ป	ร	ล	แ	ม	ญ	ป	ศ	ฝ	ผ	อ	ไ	ช	ต
แ	◌ี	ภ	น	แ	◌้	ผ	ษ	บ	◌ุ	ช	ผ	ร	ย
ไ	◌่	ษ	บ	น	า	ห	ศ	ท	พ	า	◌่	ศ	◌์

บุช
ต้นไม้
ไม้ไผ่
เบอร์รี่
ป่า
พฤกษศาสตร์
กระบองเพชร
ปุ๋ย
ดอกไม้
ฟลอรา
ใบไม้
ถั่ว
ไอวี่
หญ้า
สวน
มอสส์
กลีบ
ราก
ดวงอาทิตย์
พืช

17 - Suministros de Arte

น	ง	แ	ะ	ฝ	ส	ไ	อ	โ	ไ	ใ	ข	บ	ช
บ	ด	ว	จ	ใ	า	อ	ะ	ต	ค	ง	เ	อ	ส
ท	ป	◌ิ	ย	ม	ต	เ	ค	◌๊	น	พ	ค	า	ธ
ถ	ย	ก	น	◌้	◌ำ	ด	ร	ะ	ฉ	ค	ล	ง	ก
แ	ป	ร	ง	ส	ง	◌ี	◌ิ	ส	ศ	ใ	ย	ไ	ร
ก	ล	◌้	อ	ง	อ	ย	ล	◌ี	ย	ซ	◌์	ร	ะ
ว	ม	ฉ	ห	ฝ	ญ	เ	◌ิ	ล	ไ	ส	ฟ	ษ	ด
น	◌้	◌ำ	ม	◌ั	น	ก	ค	ก	พ	ท	แ	ฟ	า
ข	ค	ย	◌ึ	ก	อ	◌้	ก	ย	า	ง	ล	บ	ษ
ช	า	ย	ก	ถ	◌่	า	น	ใ	ส	ว	ห	แ	ฟ
ไ	ล	ต	ช	ล	ไ	อ	ถ	ฝ	ษ	ซ	ล	พ	ข
เ	ม	ล	◌ั	า	ศ	◌ี	ข	ษ	ไ	ถ	ะ	ฝ	ร
ถ	ส	◌ี	น	◌้	◌ำ	◌้	ศ	ง	ช	ษ	ภ	ว	ใ
ห	ร	ส	ใ	ใ	ง	ว	ภ	เ	ต	ผ	ฉ	ต	ส

น้ำมัน
อะคริลิค
สีน้ำ
น้ำ
เคลย์
ยางลบ
ขาตั้ง
ถ่าน
กล้อง
แปรง
สี
ไอเดีย
ดินสอ
โต๊ะ
กระดาษ
พาส
กาว
เก้าอี้
หมึก

18 - Jardín

ต	ฟ	เ	ป	ล	ญ	ว	น	อ	ว	ส	ท	◌่	อ
ถ	◌้	ส	ค	ศ	ย	◌ั	บ	ส	พ	ว	ส	เ	แ
ค	ป	น	ธ	บ	◌ุ	ช	◌่	ว	ด	น	ล	ถ	ร
ค	ธ	า	ไ	ะ	จ	พ	อ	น	ห	ผ	ณ	ว	ห
ข	ไ	ม	ห	ม	ะ	◌ี	น	ษ	พ	ล	◌ั	◌่	ว
ไ	ท	ห	ล	อ	◌้	ช	◌้	ฝ	ไ	ไ	ธ	ง	แ
ด	ไ	ญ	ท	พ	น	ค	◌ำ	ช	ม	ม	ช	ณ	ท
ด	ธ	◌้	ด	◌ิ	น	ร	ซ	ฉ	◌้	◌้	า	ล	ร
ค	ร	า	ด	อ	ห	ญ	ฟ	ะ	า	ล	น	ถ	ม
ร	ป	ไ	จ	ผ	ก	ญ	ด	ส	น	า	บ	ผ	โ
ฟ	ภ	อ	ช	ย	ไ	ไ	◌้	ส	◌ั	ค	◌้	อ	พ
ร	ะ	เ	บ	◌ี	ย	ง	ม	า	◌่	ศ	า	ด	ล
ร	◌ั	◌้	ว	ฟ	พ	จ	ช	◌้	ง	ไ	น	ฉ	◌ี
ไ	ไ	ว	ไ	ไ	ถ	ห	ห	โ	ร	ง	ร	ถ	น

บุช
ต้นไม้
ม้านั่ง
สนามหญ้า
บ่อน้ำ
ดอกไม้
โรงรถ
เปลญวน
หญ้า
สวนผลไม้
สวน
วัชพืช
ท่อ
พลั่ว
ระเบียง
คราด
ดิน
ชานบ้าน
แทรมโพลีน
รั้ว

19 - Países #2

เ	ป	ช	ญ	ก	ย	ณ	ท	จ	เ	อ	ย	ล	ฝ
ย	ม	า	ณ	ก	ค	ะ	ส	ญ	ด	อ	◌ู	ม	ร
ด	◌ู	◌็	ก	ร	า	เ	ข	◌ี	น	ส	ก	ไ	◌ั
อ	ศ	เ	ก	◌ี	ส	ก	ะ	◌่	ม	เ	◌ั	ต	◌่
ฝ	ผ	ย	ค	ซ	ส	จ	ไ	ป	า	ต	น	ม	ง
ป	ศ	น	ฝ	ร	◌ิ	ถ	ไ	◌ุ	ร	ร	ด	ต	เ
ต	ข	แ	ซ	ข	น	โ	า	◌่	◌์	เ	า	แ	ศ
จ	า	ไ	ม	ก	◌้	า	ก	น	ก	ล	า	ว	ส
ภ	ม	ซ	ร	◌ั	ส	เ	ซ	◌ี	ย	◌ี	ถ	ช	ซ
ว	ะ	◌ู	อ	อ	ส	เ	ต	ร	◌ี	ย	ม	พ	◌ี
ท	บ	ด	แ	อ	ล	เ	บ	เ	น	◌ี	ย	ธ	เ
ว	ล	า	โ	ป	ร	ต	◌ุ	เ	ก	ส	ฝ	ค	ร
ย	ฝ	น	ไ	อ	ร	◌์	แ	ล	น	ด	◌์	เ	◌ี
เ	อ	ธ	◌ิ	โ	อ	เ	ป	◌ี	ย	ช	ก	ข	ย

แอลเบเนีย
ออสเตรเลีย
ออสเตรีย
เดนมาร์ก
เอธิโอเปีย
ฝรั่งเศส
กรีซ
ไอร์แลนด์
จาไมก้า
ญี่ปุ่น
ลาว
เม็กซิโก
ปากีสถาน
โปรตุเกส
รัสเซีย
ซีเรีย
ซูดาน
ยูเครน
ยูกันดา

20 - Tecnología

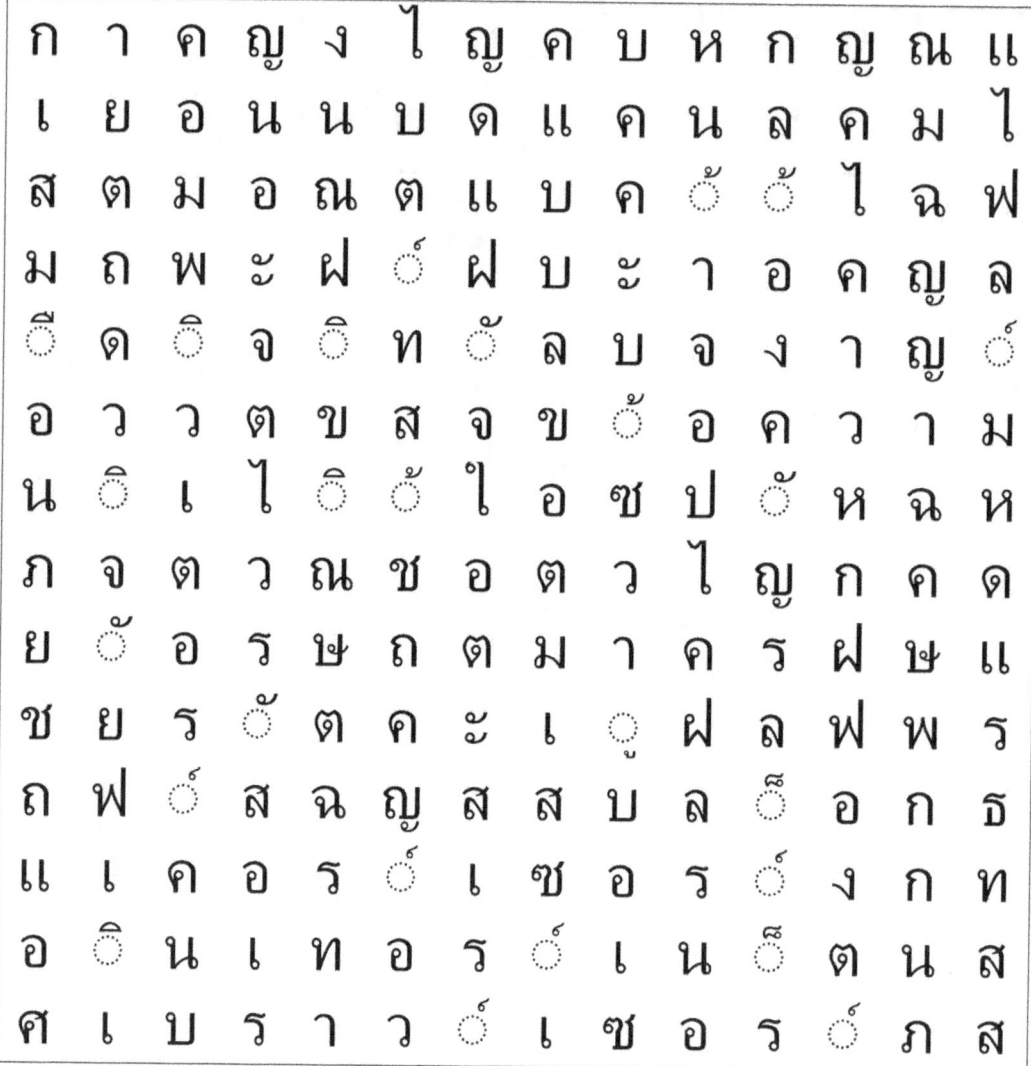

ก	า	ค	ญ	ง	ไ	ญ	ค	บ	ห	ก	ญ	ณ	แ
เ	ย	อ	น	น	บ	ด	แ	ค	น	ล	ค	ม	ไ
ส	ต	ม	อ	ณ	ต	แ	บ	ค	◌้	◌้	ไ	ฉ	ฟ
ม	ถ	พ	ะ	ฝ	◌์	ฝ	บ	ะ	า	อ	ค	ญ	ล
◌ี	ด	◌ิ	จ	◌ิ	ท	◌ั	ล	บ	จ	ง	า	ญ	◌์
อ	ว	ว	ต	ข	ส	จ	ข	◌้	อ	ค	ว	า	ม
น	◌ิ	เ	ไ	◌ิ	◌้	ไ	อ	ซ	ป	◌ั	ห	ฉ	ห
ภ	จ	ต	ว	ณ	ช	อ	ต	ว	ไ	ญ	ก	ค	ด
ย	◌ั	อ	ร	ษ	ถ	ต	ม	า	ค	ร	ฝ	ษ	แ
ช	ย	ร	◌ั	ต	ค	ะ	เ	◌ู	ฝ	ล	ฟ	พ	ร
ถ	ฟ	◌์	ส	ฉ	ญ	ส	ส	บ	ล	◌็	อ	ก	ธ
แ	เ	ค	อ	ร	◌์	เ	ซ	อ	ร	◌์	ง	ก	ท
อ	◌ิ	น	เ	ท	อ	ร	◌์	เ	น	◌็	ต	น	ส
ศ	เ	บ	ร	า	ว	◌์	เ	ซ	อ	ร	◌์	ภ	ส

ไฟล์
บล็อก
ไบต์
กล้อง
เคอร์เซอร์
ข้อมูล
ดิจิทัล
สถิติ
แบบอักษร

อินเทอร์เน็ต
วิจัย
ข้อความ
เบราว์เซอร์
คอมพิวเตอร์
หน้าจอ
เสมือน
ไวรัส

21 - Números

ส	◌ิ	บ	เ	ก	◌้	า	ร	ณ	ว	ม	ค	ก	ง
ส	◌ิ	บ	ส	า	ม	ฉ	ต	ก	ซ	ฉ	อ	อ	ณ
◌ี	◌ิ	ว	า	ช	ส	ศ	◌ู	น	ย	◌์	ส	ข	า
◌่	ห	บ	ม	ฟ	ส	◌ิ	บ	แ	ป	ด	ห	ฉ	ก
ณ	ร	ซ	ส	ฝ	ถ	ข	บ	น	ต	ก	ธ	ง	ล
ษ	ข	แ	◌ิ	อ	ญ	ถ	บ	บ	ห	◌้	า	ด	ศ
ค	ช	ถ	บ	ฟ	ง	ฉ	ภ	ล	ต	ฉ	ซ	ธ	ย
ม	เ	ห	ห	ก	ณ	ถ	ช	ส	◌ิ	บ	ห	◌้	า
ส	ห	ส	ก	ฝ	อ	ษ	ค	◌ิ	เ	ม	ห	ศ	อ
ท	ศ	น	◌ิ	ย	ม	ล	แ	บ	จ	ก	ม	เ	เ
ภ	ะ	ซ	ด	ว	ผ	ญ	ป	ส	◌็	ณ	◌้	ธ	ค
ษ	ส	◌ิ	บ	เ	จ	◌็	ด	◌ี	ด	ง	ษ	า	พ
น	อ	ป	ธ	ก	ฉ	ย	◌ี	◌่	ส	◌ิ	บ	า	บ
ญ	ง	ฟ	ว	ช	พ	ฟ	พ	ห	ม	ว	ป	ะ	ศ

สิบสี่
ศูนย์
ห้า
สี่
ทศนิยม
สิบเก้า
สิบแปด
สิบหก
สิบเจ็ด
สิบ

สิบสอง
สอง
เก้า
แปด
สิบห้า
หก
เจ็ด
สิบสาม
สาม
ยี่สิบ

22 - Mitología

ค	า	น	ค	บ	ศ	ธ	ส	ผ	า	ะ	ฝ	ผ	ป
ว	ผ	◌ั	ฟ	ว	พ	ฤ	ต	◌ิ	ก	ร	ร	ม	ถ
า	ฟ	ก	เ	ข	า	ว	ง	ก	ต	◌ำ	น	า	น
ม	ณ	ร	ต	เ	อ	ม	ต	ภ	า	พ	ย	ฝ	ธ
เ	ร	บ	ด	ร	ส	ช	ห	ต	◌้	น	แ	บ	บ
ช	า	ห	ฟ	า	อ	ว	บ	◌ึ	ย	แ	ร	ม	ก
◌ี	ไ	ด	ช	ส	ส	ท	ร	ศ	ง	ษ	ง	ผ	า
◌่	แ	ก	◌้	แ	ค	◌้	น	ร	ณ	ห	ซ	จ	ร
อ	ฟ	◌้	า	ผ	◌่	า	ญ	ซ	ค	ท	ว	ด	ส
ส	ล	ล	ป	พ	ธ	เ	ฮ	ง	จ	◌์	อ	ง	ร
ว	◌ั	ฒ	น	ธ	ร	ร	ม	◌ี	ป	เ	ษ	ท	◌้
ภ	◌ั	ย	พ	◌ิ	บ	◌ั	ต	◌ิ	โ	ว	ธ	ห	า
ร	ไ	แ	บ	ฝ	ส	ธ	ฟ	◌้	า	ร	◌้	อ	ง
ส	◌ิ	◌่	ง	ม	◌ี	ช	◌ี	ว	◌ิ	ต	◌่	ช	ไ

ต้นแบบ
ความหึงหวง
สวรรค์
พฤติกรรม
การสร้าง
ความเชื่อ
สิ่งมีชีวิต
วัฒนธรรม
ภัยพิบัติ
แรง
นักรบ
ฮีโร่
อมตภาพ
เขาวงกต
ตำนาน
ยแร
ฟ้าผ่า
ฟ้าร้อง
แก้แค้น

23 - Ecología

ท	ร	ั	พ	ย	า	ก	ร	จ	บ	ถ	ภ	ค	บ
ธ	ร	ร	ม	ช	า	ต	ิ	บ	ึ	ง	ู	ท	จ
ท	ก	อ	า	ส	า	ส	ม	ั	ค	ร	เ	ย	ป
ะ	ั	า	ซ	ข	ภ	ม	ษ	เ	ช	ก	ข	อ	เ
เ	ะ	่	ร	ส	ั	ต	ว	์	ป	่	า	ช	ก
ล	พ	ด	ว	อ	า	ค	น	พ	ท	ช	ร	ฉ	ส
อ	ษ	ม	เ	โ	ย	ั	่	ง	ย	ื	น	ฟ	า
ฝ	ป	ไ	แ	ช	ล	ู	แ	ภ	บ	อ	ะ	ล	ย
ถ	ด	ฝ	ห	ุ	พ	ก	่	ท	ต	ว	ป	อ	พ
แ	ล	้	ง	ม	ไ	ี	ม	ร	ก	ม	ฉ	ร	ั
ไ	ย	ค	ศ	ช	ป	อ	ช	ป	อ	ภ	า	า	น
ฝ	พ	ก	ข	น	ไ	ว	ม	พ	ง	ด	น	น	ธ
ภ	ู	ม	ิ	อ	า	ก	า	ศ	ฉ	ผ	ท	ธ	ุ
ท	ี	่	อ	ย	ู	่	อ	า	ศ	ั	ย	ด	์

ภูมิอากาศ
ชุมชน
สายพันธุ์
สัตว์ป่า
ฟลอรา
ทั่วโลก
ที่อยู่อาศัย
ทะเล
ภูเขา
ธรรมชาติ
บึง
ทรัพยากร
แล้ง
ยั่งยืน
การอยู่รอด
พืช
อาสาสมัคร

24 - Herramientas

พ	ย	อ	ข	ไ	บ	ค	ม	ซ	ง	จ	ด	พ	ง
ไ	ต	เ	ฉ	ว	ย	ต	◌ี	◌ี	ฝ	ษ	ล	ล	ต
ะ	ะ	ฟ	ช	ผ	ธ	ไ	ด	ม	ด	ผ	ไ	◌ั	บ
ท	ล	◌้	อ	ม	ค	น	ญ	ช	เ	โ	ภ	◌่	◌ั
ช	◌ุ	พ	ค	ณ	ษ	ษ	ช	จ	ก	ค	ก	ว	น
ไ	ม	◌้	บ	ร	ร	ท	◌ั	ด	ร	◌้	า	น	ไ
ส	พ	ฉ	เ	ซ	ก	ษ	ล	ไ	ร	อ	ว	ะ	ด
ห	◌ุ	น	พ	ข	ม	ฉ	ะ	ว	ไ	น	ฟ	ไ	ป
ข	ก	พ	ล	ย	ว	ถ	ร	า	ก	ฝ	เ	จ	า
ห	ถ	ด	◌ิ	ฟ	ย	า	ด	ห	ร	ษ	ช	ล	ช
บ	ข	ห	ง	ป	ย	ฝ	น	ง	ธ	ฟ	◌ี	ณ	ท
แ	จ	ะ	ะ	ซ	แ	เ	ท	ต	ภ	ณ	อ	ห	ส
ศ	า	แ	ค	ด	ต	ณ	จ	ค	ธ	ส	ก	ร	◌ู
ส	า	ย	เ	ค	เ	บ	◌ิ	ล	ค	ภ	ถ	ส	ก

คีม
คบเพลิง
สายเคเบิล
มีด
เชือก
บันได
ขวาน
ค้อน
ตะลุมพุก
มีดโกน
พลั่ว
กาว
ไม้บรรทัด
ล้อ
กรรไกร
สกรู

25 - Casa

ง	ย	ไ	ล	โ	พ	โ	ล	ะ	ข	ก	เ	ส	ไ
ห	ล	◌ั	ง	ค	า	ร	◌ั	◌้	ว	◌๊	ต	ล	ซ
◌้	ค	ฝ	ก	ม	ข	ง	ม	ซ	อ	อ	า	พ	ไ
อ	อ	ร	ษ	ไ	ศ	ร	ค	ก	า	ก	ผ	ฟ	ข
ง	ก	ไ	◌ั	ฟ	ข	ถ	ร	ห	บ	ห	◌ิ	ภ	ผ
ไ	ห	ม	ง	ว	ธ	พ	◌ื	◌้	น	น	ง	พ	เ
ต	ห	◌้	อ	ง	ส	ม	◌ุ	ด	◌้	◌้	ะ	ค	ก
◌้	ข	ก	แ	ต	ท	ไ	ณ	ผ	◌ำ	า	ไ	ห	เ
ห	แ	ว	ผ	ป	ด	ก	ะ	จ	ญ	ต	ส	ข	ป
ล	ฟ	า	น	อ	อ	ช	ร	บ	ถ	◌่	ว	ไ	ค
◌ั	ศ	ด	◌ั	จ	อ	อ	น	ะ	ท	า	น	ว	ไ
ง	ช	ภ	ง	ป	ร	ะ	ต	◌ู	จ	ง	ธ	ด	ท
ค	ห	◌้	อ	ง	น	อ	น	ฉ	ฟ	ก	ค	ไ	ไ
า	ช	◌ั	◌้	น	ไ	ต	◌้	ด	◌ิ	น	ช	ส	ก

พรม
ห้องใต้หลังคา
ห้องสมุด
เตาผิง
ครัว
ห้องนอน
อาบน้ำ
ไม้กวาด
กระจก
โรงรถ
ก๊อก
สวน
โคมไฟ
ผนัง
พื้น
ประตู
ชั้นใต้ดิน
หลังคา
รั้ว
หน้าต่าง

26 - Artes Visuales

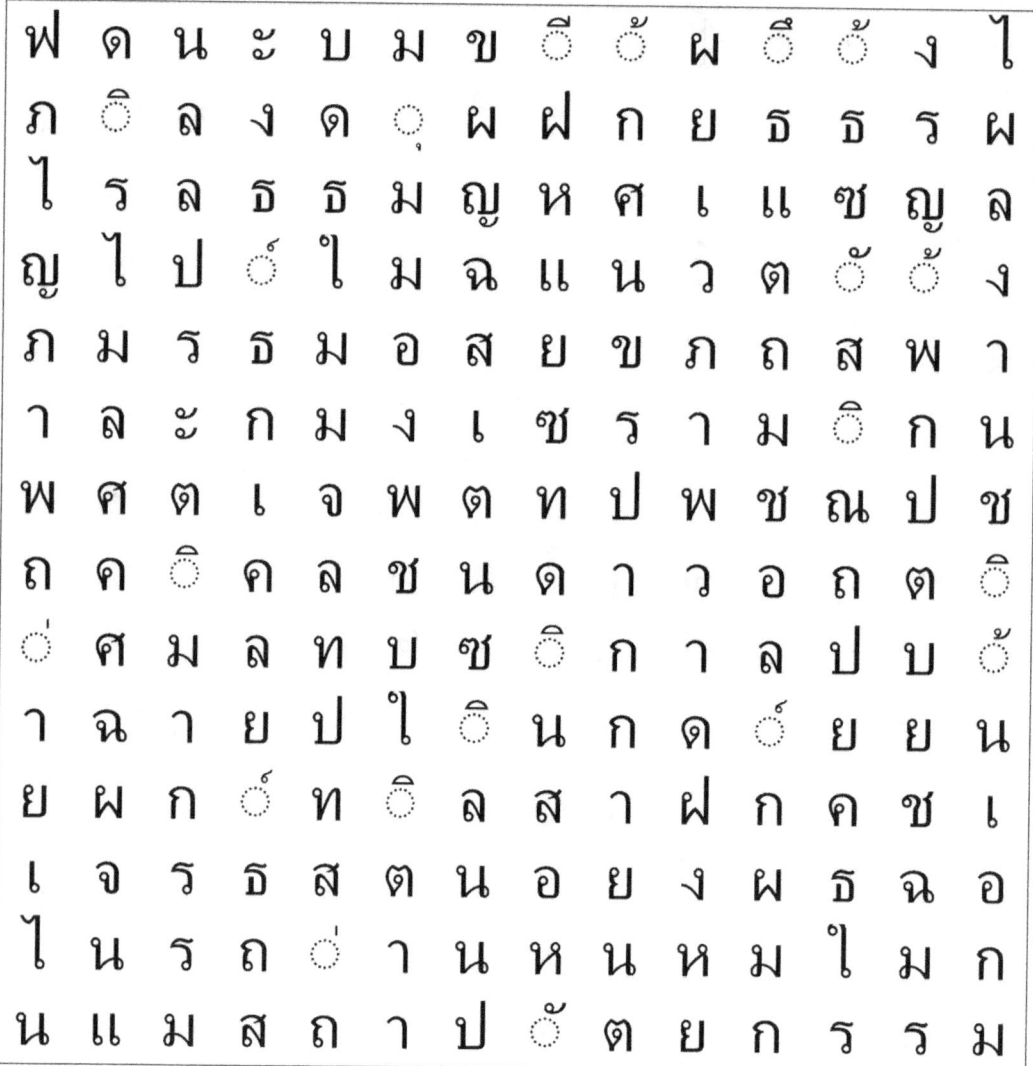

ฟ	ด	น	ะ	บ	ม	ข	◌ี	◌้	ผ	◌ึ	◌้	ง	ไ
ภ	◌ิ	ล	ง	ด	◌ุ	ผ	ฝ	ก	ย	ธ	ธ	ร	ผ
ไ	ร	ล	ธ	ธ	ม	ญ	ห	ศ	เ	แ	ซ	ญ	ล
ญ	ไ	ป	◌์	ไ	ม	ฉ	แ	น	ว	ต	◌ั	◌้	ง
ภ	ม	ร	ธ	ม	อ	ส	ย	ข	ภ	ถ	ส	พ	า
า	ล	ะ	ก	ม	ง	เ	ซ	ร	า	ม	◌ิ	ก	น
พ	ศ	ต	เ	จ	พ	ต	ท	ป	พ	ช	ณ	ป	ช
ถ	ค	◌ิ	ค	ล	ช	น	ด	า	ว	อ	ถ	ต	◌ิ
◌่	ศ	ม	ล	ท	บ	ซ	◌ิ	ก	า	ล	ป	บ	◌้
า	ฉ	า	ย	ป	ไ	◌ิ	น	ก	ด	◌์	ย	ย	น
ย	ผ	ก	◌์	ท	◌ิ	ล	ส	า	ฝ	ก	ค	ช	เ
เ	จ	ร	ธ	ส	ต	น	อ	ย	ง	ผ	ธ	ฉ	อ
ไ	น	ร	ถ	◌่	า	น	ห	น	ห	ม	ไ	ม	ก
น	แ	ม	ส	ถ	า	ป	◌ั	ต	ย	ก	ร	ร	ม

เคลย์
สถาปัตยกรรม
ศิลปิน
ถ่าน
ขี้ผึ้ง
เซรามิก
ประติมากรรม
ภาพถ่าย
ดินสอ
ผลงานชิ้นเอก
ฟิล์ม
มุมมอง
ภาพวาด
สเตนซิล
ปากกา
แนวตั้ง
ชอล์ก

27 - Escuela #2

แ	ก	ด	ณ	ท	ม	ณ	ค	ร	◌ู	ย	ฟ	บ	ซ
จ	า	จ	เ	ส	◌ี	◌ั	อ	ผ	◌้	า	ว	ฝ	ต
ก	ร	ะ	ด	า	ษ	ร	ม	ป	ว	ง	ท	ท	ถ
ณ	ศ	ป	น	ม	บ	ภ	พ	ธ	บ	ล	ต	ช	ล
ป	◌ื	ฏ	ป	ด	ฝ	ห	◌ิ	ก	ก	บ	ญ	ก	ไ
ห	ก	◌ิ	ณ	◌ิ	เ	ไ	ว	ย	า	ก	ร	ณ	◌์
ห	ษ	ท	เ	น	ก	ล	เ	ส	บ	◌ี	ย	ง	ฝ
ก	า	◌ิ	ไ	ส	ม	ส	ต	ร	ถ	เ	ม	ล	◌์
เ	า	น	บ	อ	ณ	ผ	อ	ก	ร	ร	ไ	ก	ร
ย	พ	ร	พ	ษ	ญ	ฝ	ร	ช	ย	ง	ช	ม	เ
ล	ญ	◌ื	อ	ไ	ไ	ฉ	◌์	ป	อ	ศ	ร	ซ	ส
ถ	ว	พ	◌่	◌่	ว	ร	ร	ณ	ก	ร	ร	ม	ธ
ร	บ	ศ	ม	อ	า	ห	◌้	อ	ง	ส	ม	◌ุ	ด
ข	ธ	ว	ค	ษ	น	น	ห	น	◌ั	ง	ส	◌ื	อ

เพื่อน
รถเมล์
ห้องสมุด
ยางลบ
ปฏิทิน
การศึกษา
ไวยากรณ์
เกม
ดินสอ
การอ่าน
หนังสือ
วรรณกรรม
คอมพิวเตอร์
กระดาษ
ครู
เสื้อผ้า
เสบียง
กรรไกร

28 - Selva Tropical

ญ	ฟ	เ	เ	แ	เ	เ	ท	ธ	ธ	ป	◌่	า	ก
ป	ถ	เ	ค	พ	ม	เ	จ	ฝ	ม	ห	ก	ษ	า
พ	จ	ฟ	ค	า	ฆ	ล	ถ	ไ	ล	ช	ภ	ซ	ร
ด	ฤ	น	ณ	ษ	ร	ท	ง	ภ	ข	◌ุ	◌ู	พ	ฟ
า	ซ	ก	ไ	ร	ข	พ	ข	ม	ว	ม	ม	ง	◌ื
ฟ	ย	พ	ษ	า	ท	ค	ร	ห	น	ช	◌ิ	บ	◌้
ธ	ม	จ	ด	ศ	ง	ก	า	ร	ถ	น	อ	ม	น
ร	◌ี	ฝ	ห	ช	า	ห	ษ	ผ	ร	ก	า	ม	ฟ
ร	ค	ศ	ค	ถ	ค	ส	ถ	ะ	ม	ไ	ก	อ	◌ู
ม	◌่	ฉ	ว	เ	ห	ฝ	ต	ณ	ษ	ซ	า	ส	บ
ช	า	ธ	ซ	ป	ไ	ะ	ค	ร	ฉ	ส	ศ	ส	ธ
า	ส	า	ย	พ	◌ั	น	ธ	◌ุ	◌์	ร	ญ	◌์	ถ
ต	ซ	ถ	ษ	ก	า	ร	อ	ย	◌ู	◌่	ร	อ	ด
◌ิ	ค	ว	า	ม	ห	ล	า	ก	ห	ล	า	ย	ล

พฤกษศาสตร์
ภูมิอากาศ
ชุมชน
ความหลากหลาย
สายพันธุ์
แมลง
มอสส์
ธรรมชาติ
เมฆ
นก
การถนอม
เคารพ
การฟื้นฟู
ป่า
การอยู่รอด
มีค่า

29 - Colores

ส	ส	◌ี	น	◌้	◌ำ	ต	า	ล	า	ช	ญ	ป	ส
◌ี	ณ	ส	ญ	ศ	ษ	ต	ย	ข	ผ	ฝ	ป	ไ	◌ี
ม	ผ	◌ี	ส	◌ี	น	◌้	◌ำ	เ	ง	◌ิ	น	ฟ	เ
◌่	ษ	ด	ง	พ	อ	ซ	◌ี	เ	ป	◌ี	ย	◌ู	ห
ว	ส	◌ำ	เ	ข	◌ี	ย	ว	ไ	ข	ง	ม	เ	ล
ง	บ	◌้	ข	ภ	ฝ	บ	ข	ง	เ	ป	ะ	ช	◌ี
เ	ท	า	ม	ป	ภ	ช	ป	ณ	ไ	ร	ง	◌ี	อ
ย	ค	ย	ว	า	ศ	ศ	แ	ด	ง	ฉ	ม	ย	ง
า	ร	น	ร	ณ	ฉ	ษ	ภ	ช	ต	ศ	น	ร	ก
ญ	า	ส	◌ี	ม	◌่	ว	ง	แ	ด	ง	ต	น	ไ
ไ	ม	ส	◌ี	แ	ด	ง	เ	ข	◌้	ม	ธ	ญ	ฉ
ถ	า	ะ	น	ฟ	อ	ญ	ย	ช	ม	พ	◌ู	ย	ส
เ	บ	จ	แ	เ	◌ั	ท	พ	ซ	ฉ	ป	เ	ฉ	ต
ก	ธ	ษ	ข	ถ	ข	า	ว	ก	ง	ด	ง	ง	ผ

สีเหลือง
สีน้ำเงิน
สีฟ้า
เบจ
ขาว
สีแดงเข้ม
ฟูเชีย
เทา
คราม
สีม่วงแดง
สีน้ำตาล
ส้ม
สีดำ
สีม่วง
แดง
ชมพู
ซีเปีย
เขียว

30 - Adjetivos #1

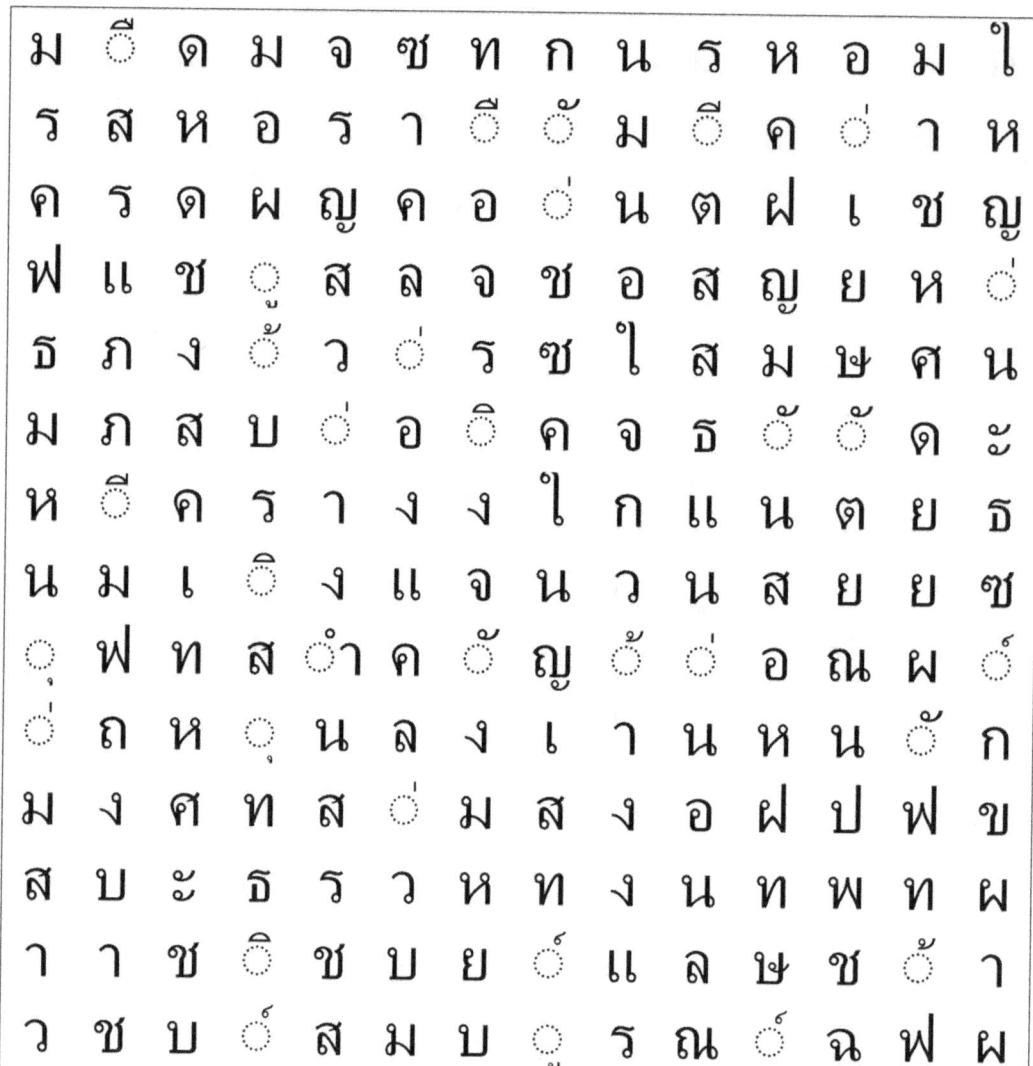

ม	◌ี	ด	ม	จ	ซ	ท	ก	น	ร	ห	อ	ม	ไ
ร	ส	ห	อ	ร	า	◌ี	◌ั	ม	◌ี	ค	◌่	า	ห
ค	ร	ด	ผ	ญ	ค	อ	◌่	น	ต	ฝ	เ	ช	ญ
ฟ	แ	ช	◌ู	ส	ล	จ	ช	อ	ส	ญ	ย	ห	◌่
ธ	ภ	ง	◌้	ว	◌่	ร	ซ	ไ	ส	ม	ษ	ศ	น
ม	ภ	ส	บ	◌่	อ	◌ิ	ค	จ	ธ	◌ั	◌ั	ด	ะ
ห	◌ี	ค	ร	า	ง	ง	ไ	ก	แ	น	ต	ย	ธ
น	ม	เ	◌ิ	ง	แ	จ	น	ว	น	ส	ย	ย	ซ
◌ุ	ฟ	ท	ส	◌ำ	ค	◌ั	ญ	◌้	◌่	อ	ณ	ผ	◌์
◌่	ถ	ห	◌ุ	น	ล	ง	เ	า	น	ห	น	◌ั	ก
ม	ง	ศ	ท	ส	◌่	ม	ส	ง	อ	ฝ	ป	ฟ	ข
ส	บ	ะ	ธ	ร	ว	ห	ท	ง	น	ท	พ	ท	ผ
า	า	ช	◌ิ	ช	บ	ย	◌์	แ	ล	ษ	ช	◌้	า
ว	ช	บ	◌์	ส	ม	บ	◌ู	ร	ณ	◌์	ฉ	ฟ	ผ

แน่นอน
คล่องแคล่ว
หอม
มีเสน่ห์
สว่าง
ใจกว้าง
ใหญ่
ซื่อสัตย์
สำคัญ
ผู้บริสุทธิ์
หนุ่มสาว
ช้า
ทันสมัย
มืด
สมบูรณ์
หนัก
จริงจัง
มีค่า

31 - Familia

บ	ร	ร	พ	บ	◌ุ	ร	◌ุ	ษ	ม	พ	ว	ส	ร
จ	ห	ล	า	น	ส	า	ว	ไ	ช	ฝ	◌ั	ช	ป
ก	ห	ล	า	น	ช	า	ย	พ	◌่	อ	ย	ถ	แ
ฟ	ป	◌้	า	ษ	พ	า	า	ย	ร	ล	เ	ณ	ง
ต	◌ู	ห	ภ	น	ด	ว	ย	ล	ด	เ	ด	◌็	ก
ล	◌่	ถ	ห	ซ	บ	ไ	ช	ย	ณ	น	◌็	ง	แ
ณ	◌ู	น	◌้	อ	ง	ส	า	ว	ฉ	◌้	ก	ง	ซ
แ	ผ	ก	ล	◌ุ	ง	า	จ	อ	ฉ	อ	ป	ศ	ฉ
จ	ภ	เ	ส	ม	เ	ม	ญ	เ	ข	ง	ต	ล	จ
ส	พ	ซ	เ	า	ฝ	◌ี	แ	ม	◌่	ช	ะ	ไ	ถ
ห	ป	ผ	ร	ร	ว	า	ว	แ	ว	า	บ	ณ	ฝ
ซ	ย	อ	ย	ด	เ	า	แ	ผ	ญ	ย	ภ	ว	อ
ญ	ล	ต	ะ	า	บ	ญ	ต	ฝ	ไ	ก	ญ	ณ	ง
ษ	ญ	ภ	ร	ร	ย	า	ก	ผ	ด	ฟ	ไ	ว	บ

ยาย
ปู่
บรรพบุรุษ
ภรรยา
ฝาแฝด
น้องสาว
น้องชาย
ลูกสาว
วัยเด็ก
แม่
สามี
มารดา
หลาน
เด็ก
พ่อ
หลานสาว
หลานชาย
ป้า
ลุง

32 - Disciplinas Científicas

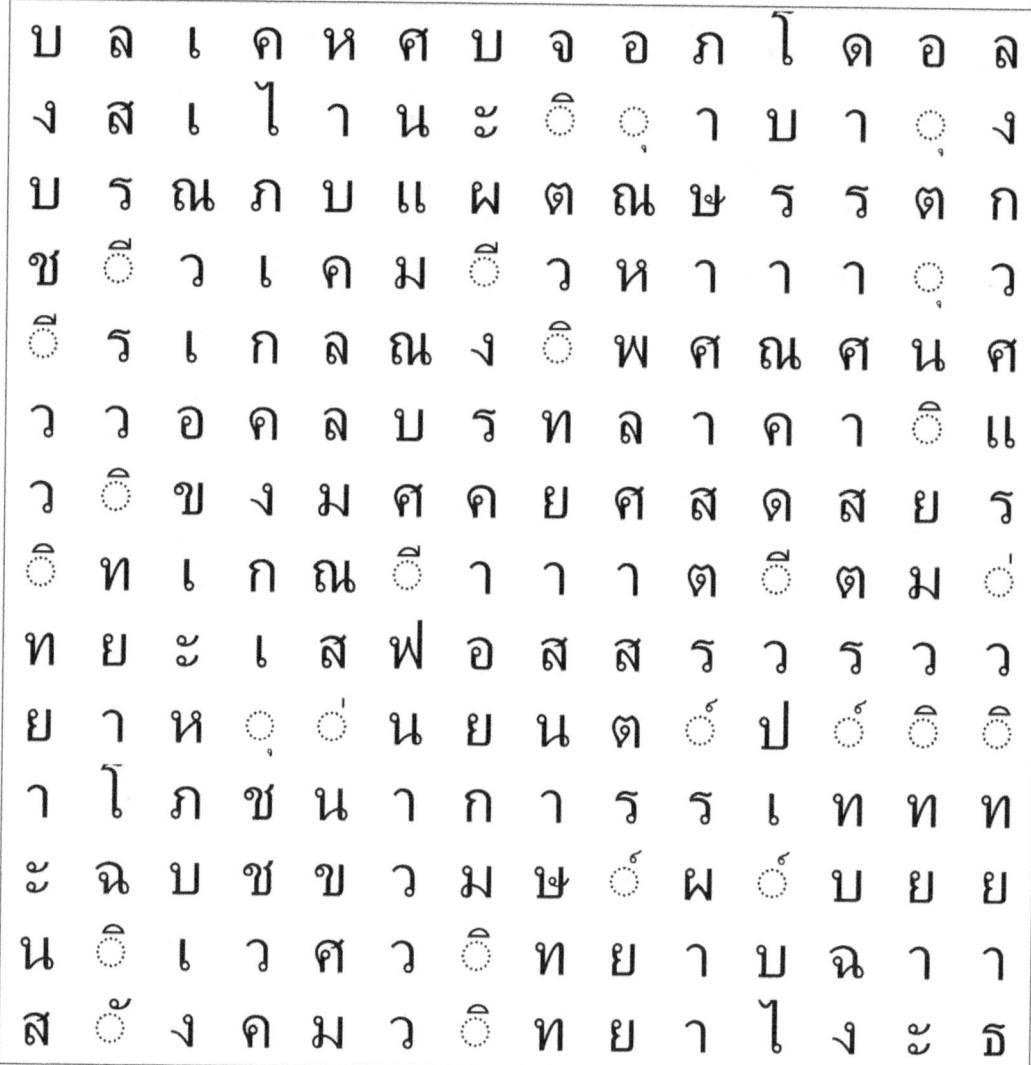

บ	ล	เ	ค	ห	ศ	บ	จ	อ	ภ	โ	ด	อ	ล
ง	ส	เ	ไ	า	น	ะ	◌ิ	◌ุ	า	บ	า	◌ุ	ง
บ	ร	ณ	ภ	บ	แ	ผ	ต	ณ	ษ	ร	ร	ต	ก
ช	◌ี	ว	เ	ค	ม	◌ี	ว	ห	า	า	า	◌ุ	ว
◌ี	ร	เ	ก	ล	ณ	ง	◌ิ	พ	ศ	ณ	ศ	น	ศ
ว	ว	อ	ค	ล	บ	ร	ท	ล	า	ค	า	◌ิ	แ
ว	◌ิ	ข	ง	ม	ศ	ค	ย	ศ	ส	ด	ส	ย	ร
◌ิ	ท	เ	ก	ณ	◌ี	า	า	า	ต	◌ี	ต	ม	◌่
ท	ย	ะ	เ	ส	ฟ	อ	ส	ส	ร	ว	ร	ว	ว
ย	า	ห	◌ุ	◌่	น	ย	น	ต	◌์	ป	◌์	◌ิ	◌ิ
า	โ	ภ	ช	น	า	ก	า	ร	ร	เ	ท	ท	ท
ะ	ฉ	บ	ช	ข	ว	ม	ษ	◌์	ผ	◌์	บ	ย	ย
น	◌ิ	เ	ว	ศ	ว	◌ิ	ท	ย	า	บ	ฉ	า	า
ส	◌ั	ง	ค	ม	ว	◌ิ	ท	ย	า	ไ	ง	ะ	ธ

โบราณคดี
ดาราศาสตร์
ชีววิทยา
ชีวเคมี
นิเวศวิทยา
สรีรวิทยา
ภาษาศาสตร์
กลศาสตร์
อุตุนิยมวิทยา
แร่วิทยา
โภชนาการ
จิตวิทยา
เคมี
หุ่นยนต์
สังคมวิทยา
อุณหพลศาสตร์

33 - Gatos

เ	ก	ข	ล	ณ	ฝ	อ	า	ย	ฮ	ค	ย	ม	ร
ร	ส	ร	ต	ช	ป	◌ิ	ย	ศ	◌ั	ญ	ผ	บ	ช
◌็	จ	◌้	ง	ฟ	ฟ	ส	ต	น	น	◌้	อ	ย	ว
ว	เ	แ	น	เ	ะ	ร	ณ	บ	เ	ป	ฝ	ศ	ม
ญ	ป	ฟ	ฉ	ด	ล	ะ	ต	◌ุ	ต	ธ	ฝ	ภ	เ
บ	◌่	บ	ฉ	น	◌้	◌็	ฟ	ค	อ	ข	อ	จ	ฝ
พ	า	ว	ษ	ห	บ	า	บ	ล	ร	ท	น	ห	ห
ข	◌ี	◌้	เ	ล	◌่	น	ย	◌ิ	◌์	พ	บ	◌้	า
น	เ	ฉ	ผ	เ	ล	พ	ญ	ก	ษ	ก	บ	า	ฟ
ข	ส	บ	ศ	เ	ช	ร	ร	ภ	ข	ต	ก	ผ	ฉ
ร	ท	ป	เ	ถ	ห	แ	ห	า	ค	ล	ถ	เ	ม
ห	า	ง	ภ	ต	ช	ร	ช	พ	ค	ก	น	ร	ม
น	ซ	ฟ	น	ซ	ฝ	ซ	ค	ฉ	ย	ะ	เ	ป	ช
◌ู	ค	ญ	น	อ	น	ส	ผ	ป	จ	ภ	น	พ	ณ

ฮันเตอร์
หาง
นอน
กรงเล็บ
ตลก
เส้นด้าย
อิสระ
ขี้เล่น
บ้า
พาว
บุคลิกภาพ
ขน
น้อย
หนู
เร็ว
ป่า
อาย

34 - Cocina

ซ	อ	ษ	ข	จ	ท	ญ	ถ	ผ	ค	ษ	เ	ก	ผ
ท	ธ	ศ	ผ	ถ	ถ	ค	ช	◌้	อ	น	ค	า	◌้
ะ	ฟ	ฉ	ด	ะ	ธ	ป	ซ	า	ว	ฟ	ร	ต	า
ผ	ศ	แ	ถ	ฟ	ช	ม	อ	ก	ย	ย	◌ี	◌้	เ
เ	ห	ย	◌ี	อ	ก	ส	ร	◌ั	◌่	ต	◌่	ม	ช
เ	ต	◌ู	◌้	เ	ย	◌็	น	น	า	ะ	อ	น	◌็
ฟ	เ	า	ท	ต	ด	พ	ธ	เ	ง	เ	ง	◌้	ด
ด	อ	ไ	อ	ท	ฟ	ฟ	ท	ป	ฉ	ก	เ	◌ำ	ป
ย	ข	ง	พ	บ	ม	◌ี	ด	◌ี	ญ	◌ี	ท	ห	า
ท	า	ป	น	ข	บ	อ	จ	◌้	ะ	ย	ศ	ถ	ก
ห	ภ	ญ	ร	◌้	ซ	ว	ล	อ	ณ	บ	ฝ	ช	ส
ล	ง	จ	ะ	น	◌ำ	ฝ	ะ	น	ก	◌ิ	น	า	◌้
ส	◌ู	ต	ร	อ	า	ห	า	ร	ธ	ฉ	ห	ม	อ
อ	า	ห	า	ร	ท	◌ั	พ	พ	◌ี	ซ	ห	า	ม

กาต้มน้ำ
กิน
อาหาร
ช้อน
ทัพพี
มีด
ผ้ากันเปื้อน
เครื่องเทศ
ฟองน้ำ
เตาอบ
เหยือก
ตะเกียบ
ย่าง
สูตรอาหาร
ตู้เย็น
ผ้าเช็ดปาก
ถ้วย
ชาม
ส้อม

35 - Escuela #1

ห	◌้	อ	ง	เ	ร	◌ี	ย	น	ส	โ	ฉ	ญ	ญ
ษ	ห	ย	ไ	า	ร	ห	ร	ม	น	ต	ะ	ไ	ร
ค	ร	◌ู	ษ	ษ	บ	◌ี	◌้	ม	◌ุ	◌๊	ะ	ษ	ช
ศ	ค	น	ต	ต	ต	เ	ย	อ	ก	ะ	ศ	ศ	ภ
เ	พ	◌ื	◌่	อ	น	ะ	ป	น	ง	พ	ถ	อ	อ
ท	พ	ภ	ะ	บ	ฉ	ณ	า	ผ	ร	ส	ต	ก	ส
ห	ม	า	ย	เ	ล	ข	ก	ศ	ป	◌ู	ม	ช	อ
น	เ	เ	ด	ด	ณ	ฉ	ก	ไ	พ	ฟ	◌้	◌ุ	บ
◌ั	ก	ค	ณ	◌ิ	ต	ศ	า	ส	ต	ร	◌์	ไ	ด
ง	◌้	ภ	บ	ภ	น	โ	ฟ	ล	เ	ด	อ	ร	◌์
ส	า	ส	ฝ	ษ	เ	ส	ค	ภ	า	ท	ง	ว	ผ
◌ื	อ	ฝ	ม	ต	◌ั	ว	อ	◌ั	ก	ษ	ร	แ	ฝ
อ	◌ี	ฉ	ฟ	ค	ห	แ	ญ	ก	ร	ะ	ด	า	ษ
า	◌้	อ	า	ห	า	ร	ก	ล	า	ง	ว	◌ั	น

ตัวอักษร
อาหารกลางวัน
เพื่อน
เรียนรู้
ห้องเรียน
ห้องสมุด
โฟลเดอร์
สนุก
โต๊ะ
สอบ
ดินสอ
หนังสือ
คณิตศาสตร์
หมายเลข
กระดาษ
ปากกา
ครู
ตอบ
เก้าอี้

36 - Adjetivos #2

ธ	ษ	ด	ย	า	จ	ส	ง	◌่	า	เ	ภ	ร	ค
ห	ว	า	น	ไ	ง	ร	ป	ช	ย	ผ	◌ู	◌ั	ด
ษ	ช	ค	ฉ	ข	ท	◌้	ซ	ก	บ	◌็	ม	บ	ะ
ง	ร	ด	ธ	◌ิ	บ	า	ย	ด	ต	ด	◌ิ	ผ	น
ไ	พ	ร	แ	ข	◌็	ง	แ	ร	ง	◌ิ	ไ	◌ิ	ซ
ไ	ไ	า	เ	ธ	ร	ส	แ	ห	◌้	ง	จ	ด	ข
ฝ	ไ	ม	จ	ภ	ร	ร	ผ	ฉ	ญ	ส	ถ	ช	ช
น	ร	◌่	ม	ฟ	ผ	ร	เ	ค	◌็	ม	ด	อ	ต
ฉ	◌่	า	ธ	ห	น	ค	ฝ	ภ	ฟ	ด	ธ	บ	ฝ
ผ	ศ	า	ญ	ด	ภ	◌์	เ	ห	น	◌ี	◌่	อ	ย
ภ	ย	ย	ส	เ	ว	ถ	ช	ฉ	ล	ไ	ห	ม	◌่
ข	เ	ป	◌็	น	ธ	ร	ร	ม	ช	า	ต	◌ิ	ช
ไ	ย	ซ	ภ	ง	ไ	ก	◌ิ	น	ไ	ด	◌้	ษ	ณ
ฝ	ธ	ไ	ซ	ผ	บ	จ	ฉ	ข	ไ	จ	ฝ	ล	ฝ

เหนื่อย
กินได้
สร้างสรรค์
ธิบาย
ดราม่า
หวาน
สง่า
สด
น่าสนใจ

เป็นธรรมชาติ
ปกติ
ใหม่
ภูมิใจ
เผ็ด
รับผิดชอบ
เค็ม
แข็งแรง
แห้ง

37 - Cuerpo Humano

จ	ง	บ	ข	ษ	ภ	เ	ล	◌ื	อ	ด	ค	า	ง
ษ	ภ	ศ	◌้	◌้	ว	ผ	◌ิ	ว	ส	ข	ไ	ผ	ส
จ	ห	ล	อ	น	อ	แ	◌้	ญ	เ	ป	ป	ช	แ
ส	ด	ต	เ	◌ิ	ณ	ศ	น	ซ	เ	ไ	ถ	ณ	ญ
ถ	จ	จ	ท	◌้	ผ	ม	อ	ช	ท	ฝ	ซ	ว	จ
ซ	ณ	อ	◌้	ว	บ	ช	ไ	ก	ต	ญ	ท	เ	ฉ
ล	ย	น	า	ห	อ	ผ	ค	า	ญ	ณ	ย	ฟ	ญ
ก	ณ	พ	จ	ร	ษ	ช	ญ	ฝ	ร	ซ	บ	ม	ง
ศ	ล	ค	พ	ไ	ว	ด	ผ	ด	ป	ต	ต	ค	ต
ห	ว	บ	ส	ห	◌ู	เ	ข	◌่	า	ห	น	◌้	า
◌ั	ป	ค	ม	ล	◌ั	ห	า	ย	ก	แ	ภ	ค	ท
ว	ม	◌ื	อ	◌่	บ	ว	ฉ	ง	ศ	ไ	ด	ล	ห
จ	ไ	จ	ง	เ	า	ข	ไ	บ	ญ	ษ	น	แ	แ
เ	ฝ	ข	ซ	ฉ	ถ	ก	พ	จ	ม	◌ู	ก	ห	บ

คาง
ปาก
หัว
หน้า
สมอง
ข้อศอก
หัวใจ
คอ
นิ้ว
ไหล่
ลิ้น
มือ
จมูก
ตา
หู
ผิว
ขา
เข่า
เลือด
ข้อเท้า

38 - Ciencia

พ	ช	ต	ฉ	ไ	ฝ	ภ	ท	ส	ข	ว	ท	า	ง
ไ	◌ี	เ	ค	ม	◌ี	ฟ	ร	◌ิ	◌้	ก	◌ิ	ม	ธ
ไ	ล	ช	อ	ะ	ต	อ	ม	◌่	อ	ส	ก	ธ	ค
ว	ต	ไ	ก	า	ร	ส	◌ั	ง	เ	ก	ต	แ	◌ี
ผ	◌ิ	ภ	ถ	ฟ	ฉ	ซ	ผ	ม	ท	ก	ส	ร	ฟ
ง	ร	ว	ถ	ร	ถ	◌ิ	ซ	◌ี	◌็	า	ม	◌่	◌ิ
ศ	ป	น	◌ั	น	ก	ล	ฟ	ช	จ	ร	ม	ธ	ส
ภ	ศ	ง	ฟ	ฒ	ข	ส	ห	◌ี	จ	ท	ต	า	◌ิ
น	ก	ถ	ส	ช	น	ก	ต	ว	ร	ด	◌ิ	ต	ก
ข	◌้	อ	ม	◌ู	ล	า	ธ	◌ิ	◌ิ	ล	ฐ	◌ุ	ส
โ	ม	เ	ล	ก	◌ุ	ล	ก	ต	ง	อ	า	น	◌์
ผ	ซ	น	ว	อ	น	◌ุ	ภ	า	ค	ง	น	ษ	ษ
ธ	ร	ร	ม	ช	า	ต	◌ิ	า	ร	เ	ย	ส	ว
แ	ร	ง	โ	น	◌้	ม	ถ	◌่	ว	ง	ะ	ด	ฟ

อะตอม
ข้อมูล
วิวัฒนาการ
การทดลอง
ฟิสิกส์
ฟอสซิล
แรงโน้มถ่วง
ข้อเท็จจริง
สมมติฐาน

วิธี
แร่ธาตุ
โมเลกุล
ธรรมชาติ
การสังเกต
สิ่งมีชีวิต
อนุภาค
พืช
เคมี

39 - Dinosaurios

เ	ห	ย	◌ื	◌่	อ	เ	ล	ว	ร	◌้	า	ย	ว
ห	ส	◌ั	ต	ว	◌์	ก	◌ิ	น	เ	น	◌ื	◌้	อ
ก	ญ	น	ผ	ห	า	ย	ต	◌ั	ว	ไ	ป	ล	ธ
อ	า	แ	แ	ม	ม	ม	อ	ธ	◌ิ	ธ	แ	แ	ษ
ง	ง	อ	ย	ษ	ข	ส	อ	ณ	ว	ย	ไ	ร	ท
ว	พ	ะ	ช	ว	ร	า	ม	ช	◌ั	พ	ข	◌็	จ
ถ	ใ	แ	ญ	โ	ซ	ย	น	◌ุ	ฒ	ด	ภ	พ	ถ
ฟ	ล	ด	ฝ	ล	ย	พ	◌ิ	ข	น	า	ด	เ	ธ
ค	อ	ป	◌ี	ก	ต	◌ั	ว	ก	า	ไ	ภ	ต	ไ
ภ	ช	ส	แ	ผ	ฉ	น	อ	ม	ก	ใ	พ	อ	ห
ศ	พ	ญ	ซ	ไ	ส	ธ	ร	า	า	ท	ส	ร	ญ
ท	ร	ง	ภ	◌ิ	ม	◌ุ	◌์	ห	ร	ท	อ	◌์	◌่
ม	ญ	ล	ซ	ง	ล	◌์	ค	ญ	า	พ	พ	ศ	ว
ท	ร	ง	พ	ล	◌ั	ง	ท	เ	ฟ	ง	ศ	อ	ด

ปีก
สัตว์กินเนื้อ
หาง
หายตัวไป
สายพันธุ์
วิวัฒนาการ
ฟอสซิล
ใหญ่
สมุนไพร
แมมมอธ
ออมนิวอร์
ทรงพลัง
เหยื่อ
แร็พเตอร์
ขนาด
โลก
เลวร้าย

40 - Restaurante #2

ก	ผ	ฉ	ห	ญ	ช	◌้	อ	น	ภ	ด	ไ	ไ	น
ว	ณ	ล	ท	ถ	ญ	ท	ร	◌้	ญ	ด	ข	ด	◌้
พ	พ	ม	ไ	น	ห	ย	◌่	◌ำ	ร	ส	◌่	ด	◌ำ
เ	ค	◌้	ก	ม	ส	◌้	อ	ม	ย	ภ	ฉ	ต	แ
ฉ	แ	จ	ย	ผ	◌้	า	ย	ถ	ด	ฉ	ป	ล	ข
เ	ก	ล	◌ื	อ	า	ห	า	ร	เ	ย	◌็	น	◌็
ก	◌๋	ว	ย	เ	ต	◌ี	◌๋	ย	ว	แ	ด	เ	ง
อ	า	ห	า	ร	ก	ล	า	ง	ว	◌ั	น	ก	า
เ	ค	ร	◌ื	◌่	อ	ง	เ	ท	ศ	ข	อ	◌้	ช
ถ	ห	ด	ซ	บ	ศ	ผ	◌ั	ก	ศ	ป	ถ	า	ต
ช	ว	เ	ก	จ	ธ	ซ	◌ุ	ป	ม	จ	ฝ	อ	ไ
บ	ร	◌ิ	ก	ร	ฝ	ษ	ส	ล	◌ั	ด	พ	◌ี	ม
ธ	ษ	ส	บ	ง	า	ฝ	ข	า	แ	ช	ก	◌้	ด
เ	ค	ร	◌ื	◌่	อ	ง	ด	◌ื	◌่	ม	ง	ง	ป

น้ำ
อาหารกลางวัน
เครื่องดื่ม
บริกร
อาหารเย็น
ช้อน
อร่อย
สลัด
เครื่องเทศ
ก๋วยเตี๋ยว

ผลไม้
น้ำแข็ง
ไข่
เค้ก
ปลา
เกลือ
เก้าอี้
ซุป
ส้อม
ผัก

41 - Profesiones #1

ศ	โ	ห	ด	ซ	อ	ด	◌ั	บ	เ	พ	ล	◌ิ	ง
ต	จ	ค	ท	ฟ	◌ั	ง	น	ป	ส	ย	ส	ฮ	ฟ
น	ก	ม	◌ั	ม	ญ	ไ	า	ถ	น	า	ด	◌ั	ง
◌ั	า	ว	ย	ช	ม	ฟ	ย	ธ	◌ั	บ	ท	น	ท
ก	ห	บ	ร	ร	ณ	า	ธ	◌ิ	ก	า	ร	เ	น
เ	ะ	ม	ม	ย	◌ี	แ	น	ล	ก	ล	ค	ต	า
ต	ก	ล	อ	เ	ก	ฟ	า	ว	◌ี	า	ะ	อ	ย
◌ั	ท	ถ	า	ย	ห	ป	ค	ซ	ฬ	จ	เ	ร	ค
น	ฟ	บ	ค	ส	ด	ฟ	า	จ	า	เ	ภ	◌์	ว
เ	ญ	อ	ไ	ซ	◌ี	ธ	ร	ห	ไ	ผ	ช	จ	า
เ	อ	ก	อ	◌ั	ค	ร	ร	า	ช	ท	◌ู	ต	ม
ส	ซ	ะ	น	◌ั	ก	จ	◌ิ	ต	ว	◌ิ	ท	ย	า
เ	ย	ช	ะ	ช	◌่	า	ง	ป	ร	ะ	ป	า	แ
น	◌ั	ก	ด	า	ร	า	ศ	า	ส	ต	ร	◌์	แ

ทนายความ
นักดาราศาสตร์
นักกีฬา
นักเต้น
นายธนาคาร
ดับเพลิง
ฮันเตอร์
หมอ
บรรณาธิการ
เอกอัครราชทูต
พยาบาล
โค้ช
ช่างประปา
อัญมณี
กะลาสี
นักจิตวิทยา

42 - Vehículos

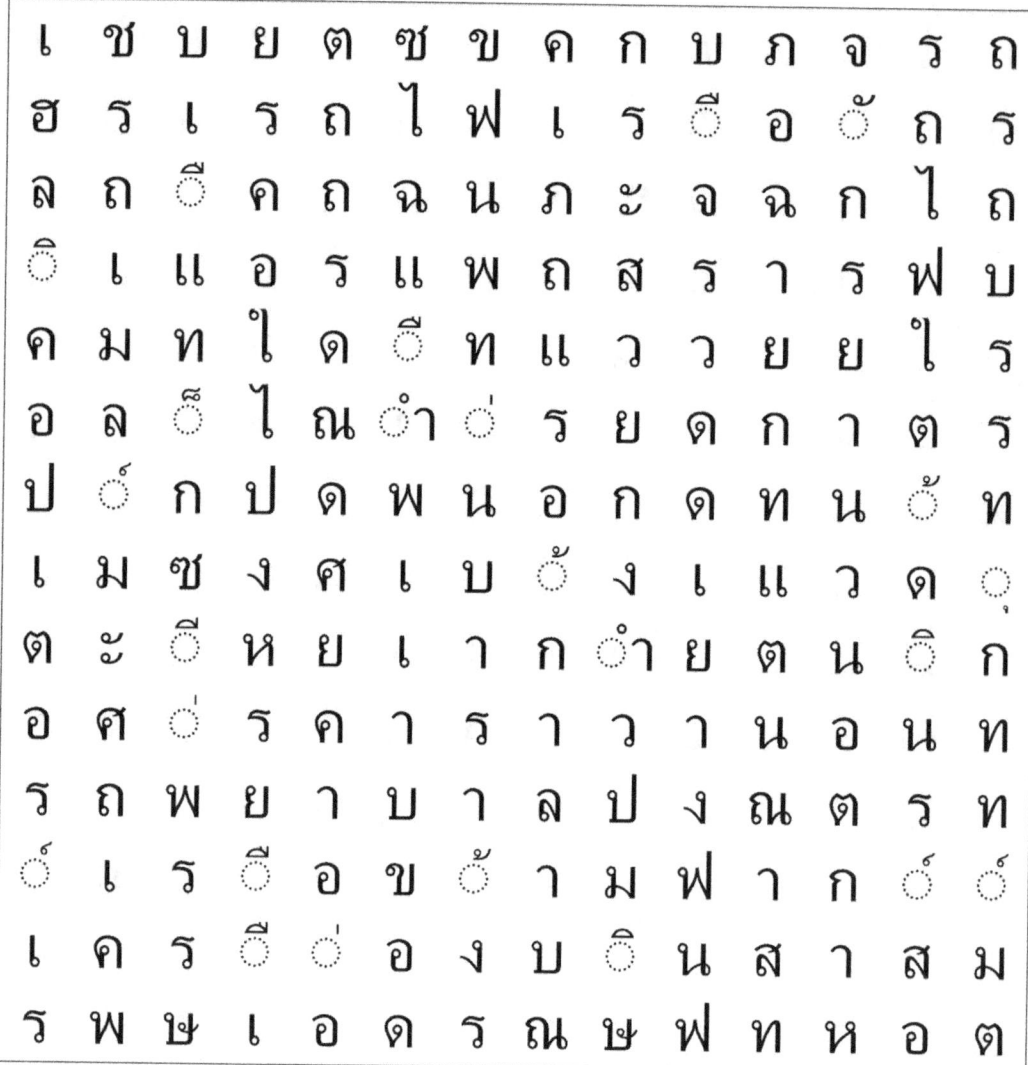

เ	ช	บ	ย	ต	ซ	ข	ค	ก	บ	ภ	จ	ร	ถ
ฮ	ร	เ	ร	ถ	ไ	ฟ	เ	ร	◌ื	อ	◌ั	ถ	ร
ล	ถ	◌ี	ค	ถ	ฉ	น	ภ	ะ	จ	ฉ	ก	ไ	ถ
◌ิ	เ	แ	อ	ร	แ	พ	ถ	ส	ร	า	ร	ฟ	บ
ค	ม	ท	ไ	ด	◌ี	ท	แ	ว	ว	ย	ย	ไ	ร
อ	ล	◌็	ไ	ณ	◌ำ	◌่	ร	ย	ด	ก	า	ต	ร
ป	◌์	ก	ป	ด	พ	น	อ	ก	ด	ท	น	◌้	ท
เ	ม	ซ	ง	ศ	เ	บ	◌้	ง	เ	แ	ว	ด	◌ุ
ต	ะ	◌ี	ห	ย	เ	า	ก	◌ำ	ย	ต	น	◌ิ	ก
อ	ศ	◌่	ร	ค	า	ร	า	ว	า	น	อ	น	ท
ร	ถ	พ	ย	า	บ	า	ล	ป	ง	ณ	ต	ร	ท
◌์	เ	ร	◌ื	อ	ข	◌้	า	ม	ฟ	า	ก	◌์	◌์
เ	ค	ร	◌ื	◌่	อ	ง	บ	◌ิ	น	ส	า	ส	ม
ร	พ	ษ	เ	อ	ด	ร	ณ	ษ	ฟ	ท	ห	อ	ต

รถพยาบาล
รถเมล์
เครื่องบิน
แพ
เรือ
จักรยาน
รถบรรทุก
คาราวาน
รถ
จรวด

เรือข้ามฟาก
เฮลิคอปเตอร์
กระสวย
รถไฟใต้ดิน
เครื่องยนต์
ยาง
เรือดำน้ำ
แท็กซี่
รถแทรกเตอร์
รถไฟ

43 - Vacaciones #2

ไ	ร	จ	ส	ม	แ	ท	◌็	ก	ซ	◌ี	◌่	ว	โ
ญ	ณ	◌้	ภ	ป	ล	า	ย	ท	า	ง	ย	ต	ร
ผ	จ	ฟ	า	เ	ต	◌็	น	ท	◌์	ภ	อ	ป	ง
ค	ข	ฉ	พ	น	ธ	ด	ภ	ะ	ว	◌ู	ท	ม	แ
ซ	ไ	ไ	ถ	ไ	อ	ช	อ	เ	◌ี	เ	ไ	ส	ร
ศ	ด	ไ	◌่	ไ	ค	า	พ	ล	ซ	ข	ก	น	ม
ว	ะ	ภ	า	ผ	ข	ย	ห	อ	◌่	า	า	า	จ
ร	◌ั	ห	ย	น	ห	ห	แ	า	า	ไ	ร	ม	ะ
จ	จ	น	จ	อ	ง	า	ผ	ย	ร	ต	ข	บ	ภ
เ	แ	ฉ	ห	ถ	ร	ด	น	ะ	ฟ	ภ	น	◌ิ	เ
ร	ถ	ไ	ฟ	ย	ห	ถ	ท	ร	เ	บ	ส	น	ไ
ง	ด	ผ	ล	ข	◌ุ	ช	◌ี	อ	ภ	ภ	◌่	ไ	ส
ฟ	น	ธ	ฟ	ว	บ	ด	◌่	ต	ะ	ส	ง	ษ	ห
ก	า	ร	เ	ด	◌ิ	น	ท	า	ง	ถ	ถ	ก	ช

สนามบิน
เต็นท์
ปลายทาง
ภาพถ่าย
โรงแรม
เกาะ
แผนที่
ทะเล
ภูเขา
ชายหาด
จอง
ร้านอาหาร
แท็กซี่
การขนส่ง
รถไฟ
วันหยุด
การเดินทาง
วีซ่า

44 - Cumpleaños

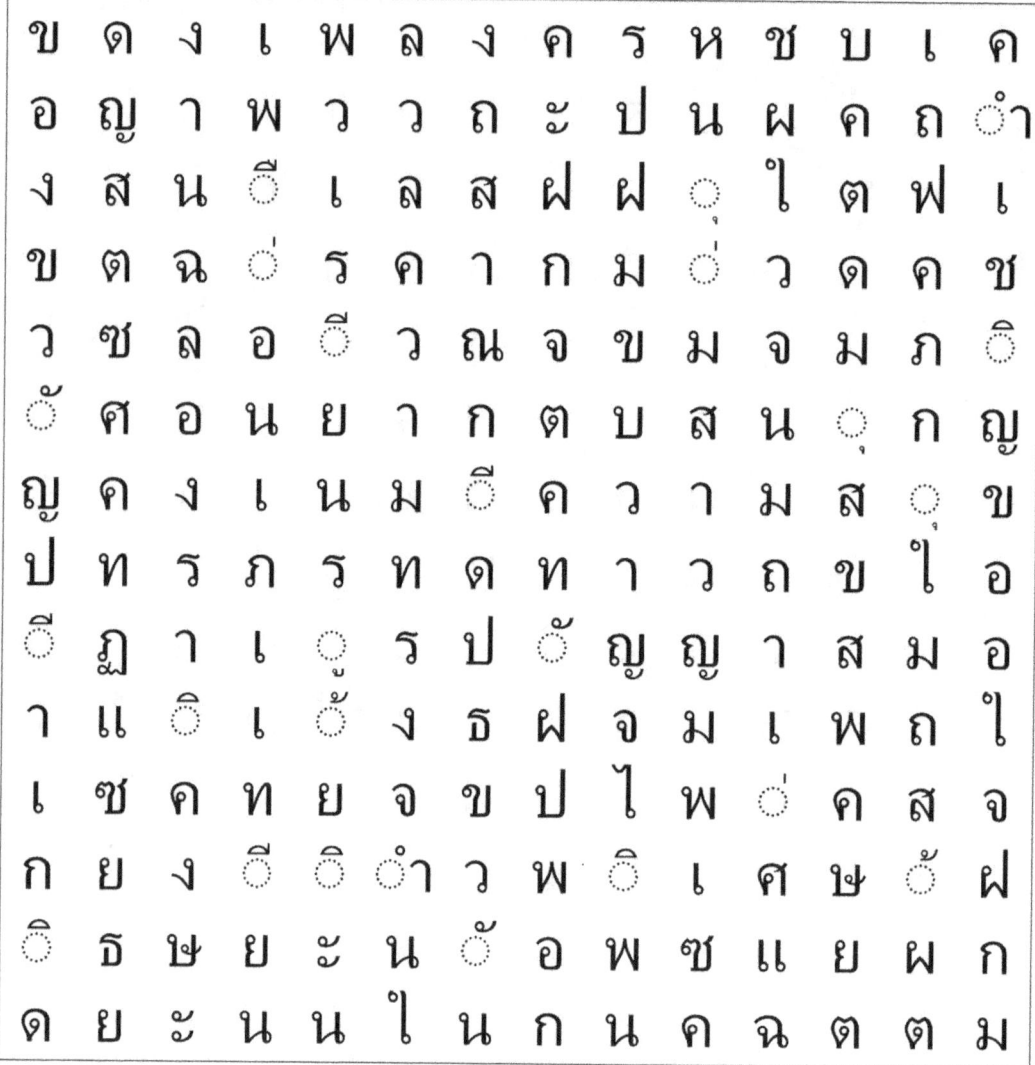

ข	ด	ง	เ	พ	ล	ง	ค	ร	ห	ช	บ	เ	ค
อ	ญ	า	พ	ว	ว	ถ	ะ	ป	น	ผ	ค	ถ	◌ำ
ง	ส	น	◌ี	เ	ล	ส	ฝ	ฝ	◌ุ	ไ	ต	ฟ	เ
ข	ต	ฉ	◌่	ร	ค	า	ก	ม	◌่	ว	ด	ค	ช
ว	ซ	ล	อ	◌ี	ว	ณ	จ	ข	ม	จ	ม	ภ	◌ิ
◌ั	ศ	อ	น	ย	า	ก	ต	บ	ส	น	◌ุ	ก	ญ
ญ	ค	ง	เ	น	ม	◌ี	ค	ว	า	ม	ส	◌ุ	ข
ป	ท	ร	ภ	ร	ท	ด	ท	า	ว	ถ	ข	ไ	อ
◌ี	ฏ	า	เ	◌ู	ร	ป	◌ั	ญ	ญ	า	ส	ม	อ
า	แ	◌ิ	เ	◌ั้	ง	ธ	ฝ	จ	ม	เ	พ	ถ	ไ
เ	ซ	ค	ท	ย	จ	ข	ป	ไ	พ	◌่	ค	ส	จ
ก	ย	ง	◌ี	◌ิ	◌ำ	ว	พ	◌ิ	เ	ศ	ษ	◌ั้	ฝ
◌ิ	ธ	ษ	ย	ะ	น	◌ั	อ	พ	ซ	แ	ย	ผ	ก
ด	ย	ะ	น	น	ไ	น	ก	น	ค	ฉ	ต	ต	ม

เพื่อน
ปี
เรียนรู้
ปฏิทิน
เพลง
งานฉลอง
สนุก
วัน
พิเศษ
มีความสุข
คำเชิญ
หนุ่มสาว
เกิด
เค้ก
ความทรงจำ
ของขวัญ
ปัญญา
ไพ่
เวลา
เทียน

45 - Baile

ว	ท	า	ส	บ	ผ	บ	อ	ค	ด	ภ	ว	จ	ก
แ	ว	ศ	ไ	ร	ท	◌่	า	ท	า	ง	◌ั	◌ั	ร
ส	ศ	◌ิ	ล	ป	ะ	ต	ร	ก	ณ	ะ	ฒ	ง	ะ
ด	◌ั	◌้	ง	เ	ด	◌ิ	ม	ต	ณ	ย	น	ห	โ
ง	น	จ	ผ	ถ	ะ	ผ	ณ	พ	ศ	แ	ธ	ว	ด
อ	ล	ต	ต	ฉ	ธ	เ	◌์	ฉ	ต	ท	ร	ะ	ด
อ	ฟ	บ	ร	◌่	า	ง	ก	า	ย	แ	ร	ท	เ
ก	ภ	า	พ	◌ี	ซ	ร	ณ	ร	ส	ซ	ม	ด	จ
ฟ	า	ฉ	ไ	า	ด	ย	ฉ	ท	ซ	◌้	บ	ด	ด
จ	จ	ฝ	ก	น	ง	ภ	ศ	ธ	พ	อ	ห	ง	เ
ด	ห	บ	ล	ธ	ษ	แ	แ	พ	ไ	ม	ค	เ	ฟ
ก	า	ร	เ	ค	ล	◌ี	◌่	อ	น	ไ	ห	ว	ป
ค	ล	า	ส	ส	◌ิ	ก	เ	ล	ก	ห	ผ	ค	ร
ห	◌ุ	◌้	น	ส	◌่	ว	น	ม	ศ	ฉ	เ	ษ	บ

ศิลปะ
คลาสสิก
ร่างกาย
วัฒนธรรม
อารมณ์
ซ้อม
แสดงออก
เกรซ

การเคลื่อนไหว
ดนตรี
ท่าทาง
จังหวะ
กระโดด
หุ้นส่วน
ดั้งเดิม
ภาพ

46 - Matemáticas

อ	ส	ย	ผ	อ	ข	น	ไ	ส	ข	ข	ห	เ	ม
ผ	ส	ม	ณ	ง	ธ	อ	พ	ม	เ	น	ม	ส	ญ
ผ	า	น	ก	ศ	ช	ช	บ	ม	ร	จ	า	◌ั	ญ
ฝ	ม	ท	ด	า	ม	◌ุ	ม	า	ข	ป	ย	น	แ
ท	เ	จ	พ	ว	ร	ฟ	ย	ต	า	ย	เ	ร	ญ
ข	ห	ณ	ช	ซ	ว	ะ	ว	ร	ค	ม	ล	อ	ท
ฝ	ล	ภ	จ	ข	ม	ค	ณ	ส	ณ	ค	ข	บ	ศ
ต	◌ี	ย	ฟ	เ	ล	ข	ค	ณ	◌ิ	ต	แ	ว	น
◌ั	◌่	ผ	ะ	ภ	ก	ญ	ไ	ง	ต	ส	ซ	ง	◌ิ
◌ั	ย	า	ฉ	ก	า	ม	อ	ร	◌ั	ศ	ม	◌ี	ย
ง	ม	เ	ศ	ษ	ส	◌่	ว	น	ว	ร	แ	ธ	ม
ฉ	ไ	จ	ร	ฝ	ณ	ถ	ด	ต	แ	ผ	น	ก	ป
า	จ	ป	ห	ฉ	ร	ด	ด	ญ	ท	ฟ	า	ข	ก
ก	า	ร	น	า	ช	ท	ภ	ษ	น	ท	ฟ	ฉ	ล

เลขคณิต
มุม
เส้นรอบวง
ทศนิยม
แผนก
สมการ
ตัวแทน
เศษส่วน
เรขาคณิต
องศา
หมายเลข
ขนาน
ขอบ
ตั้งฉาก
รัศมี
สมมาตร
รวม
สามเหลี่ยม

47 - Restaurante #1

ด	เ	ญ	ด	ผ	ไ	ก	ข	พ	ค	ซ	ไ	ก	ง
ช	น	ภ	ฉ	◌้	ย	ษ	ศ	น	ฝ	อ	ก	า	บ
จ	◌ี	◌ู	อ	า	ห	า	ร	◌ั	ม	ส	◌ิ	ฝ	แ
ท	◌้	ม	ม	เ	ม	น	◌ู	ก	จ	ข	น	ส	ง
ท	อ	◌ิ	ว	ช	จ	ง	ภ	ง	บ	ไ	ข	พ	ศ
ล	ภ	แ	า	◌็	า	ผ	ช	า	ม	ะ	ก	ก	ส
ฝ	ซ	พ	ศ	ด	น	ก	ญ	น	ซ	ช	า	◌่	◌่
ช	ซ	◌้	ก	ป	ว	ย	ส	เ	ญ	ค	ร	◌ั	ว
ป	ถ	ไ	ป	า	ร	ฟ	ผ	ส	ล	ฟ	จ	ไ	น
เ	ผ	◌็	ด	ก	แ	ล	ม	◌ิ	ณ	ล	อ	จ	ผ
ผ	ธ	ก	า	น	า	ฟ	◌ี	ร	ง	ผ	ง	ก	ส
ข	น	ม	ป	◌ั	ง	แ	ด	◌์	ย	ซ	ล	ย	ม
า	ง	ค	แ	จ	ษ	ซ	ฟ	ฟ	ะ	ษ	ม	ภ	ธ
แ	ค	ช	เ	ช	◌ี	ย	ร	◌์	ฝ	ห	ท	ไ	ฉ

ภูมิแพ้
กาแฟ
แคชเชียร์
พนักงานเสิร์ฟ
เนื้อ
ครัว
กิน
อาหาร
มีด
ส่วนผสม
เมนู
ขนมปัง
เผ็ด
จาน
ไก่
ขนม
การจอง
ซอส
ผ้าเช็ดปาก
ชาม

48 - Profesiones #2

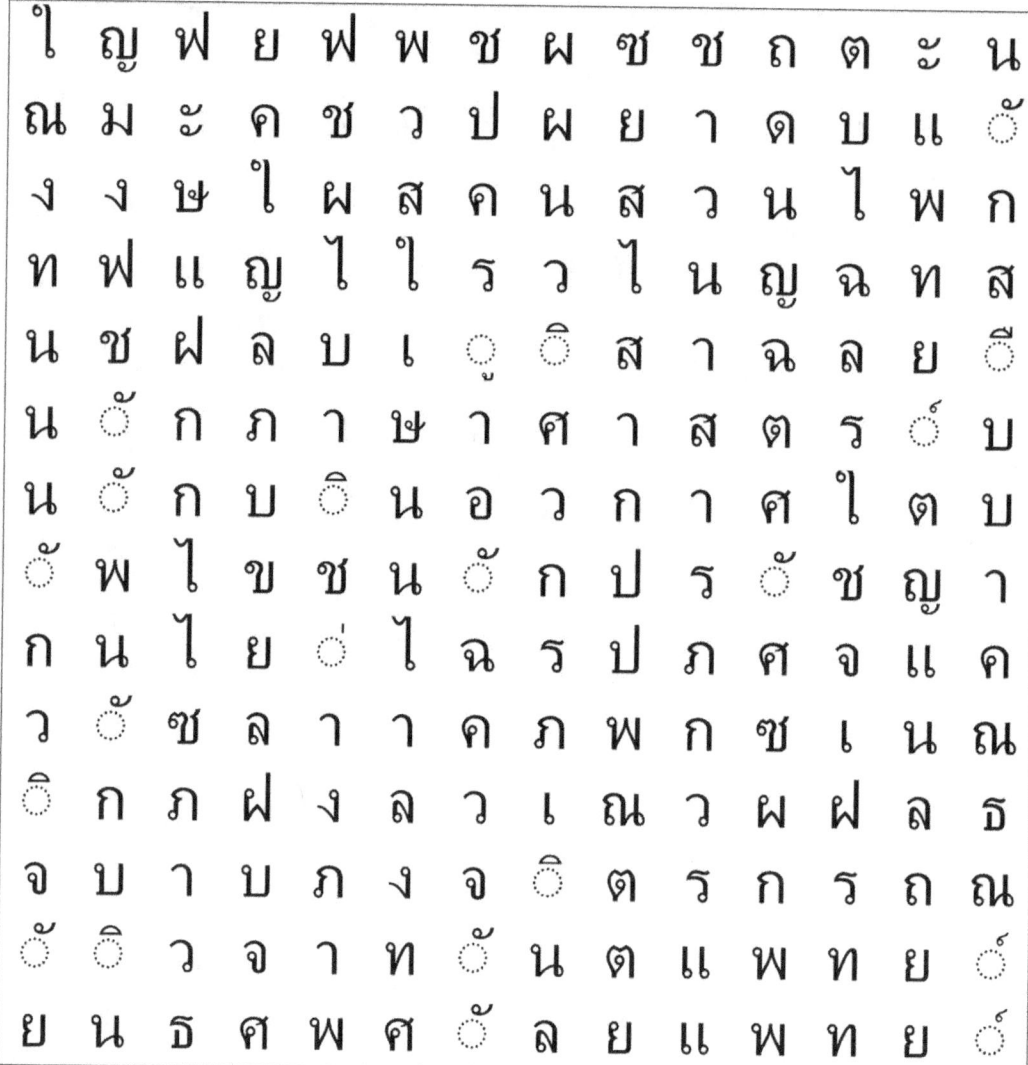

ใ	ญ	ฟ	ย	ฟ	พ	ช	ผ	ซ	ช	ถ	ต	ะ	น
ณ	ม	ะ	ค	ช	ว	ป	ผ	ย	า	ด	บ	แ	◌ั
ง	ง	ษ	ใ	ผ	ส	ค	น	ส	ว	น	ไ	พ	ก
ท	ฟ	แ	ญ	ไ	ใ	ร	ว	ไ	น	ญ	ฉ	ท	ส
น	ช	ฝ	ล	บ	เ	◌ู	◌ิ	ส	า	ฉ	ล	ย	◌ื
น	◌ั	ก	ภ	า	ษ	า	ศ	า	ส	ต	ร	◌์	บ
น	◌ั	ก	บ	◌ิ	น	อ	ว	ก	า	ศ	ใ	ต	บ
◌ั	พ	ไ	ข	ช	น	◌ั	ก	ป	ร	◌ั	ช	ญ	า
ก	น	ไ	ย	◌่	ไ	ฉ	ร	ป	ภ	ศ	จ	แ	ค
ว	◌ั	ซ	ล	า	า	ค	ภ	พ	ก	ซ	เ	น	ณ
◌ิ	ก	ภ	ฝ	ง	ล	ว	เ	ณ	ว	ผ	ฝ	ล	ธ
จ	บ	า	บ	ภ	ง	จ	◌ิ	ต	ร	ก	ร	ถ	ณ
◌ั	◌ิ	ว	จ	า	ท	◌ั	น	ต	แ	พ	ท	ย	◌์
ย	น	ธ	ศ	พ	ศ	◌ั	ล	ย	แ	พ	ท	ย	◌์

ชาวนา
นักบินอวกาศ
ศัลยแพทย์
ทันตแพทย์
นักสืบ
นักปรัชญา
ช่างภาพ
วิศวกร
นักวิจัย
คนสวน
นักภาษาศาสตร์
แพทย์
นักข่าว
นักบิน
จิตรกร
ครู

49 - Senderismo

ป	เ	ห	น	ี	่	อ	ย	ส	จ	ก	ส	ภ	ข
ห	ฐ	ไ	พ	ธ	ผ	ฟ	ว	ั	น	า	ง	ู	ม
น	ิ	ม	แ	า	ม	ศ	ธ	ต	ั	ร	แ	ม	ว
ั	ส	น	น	ร	ค	ช	ป	ว	ำ	ต	ผ	ิ	ม
ก	ฟ	ค	ท	ิ	ค	พ	ณ	์	บ	ร	น	อ	ค
ผ	ท	ต	ซ	ภ	เ	ษ	น	ห	ก	ะ	ท	า	ำ
ศ	บ	ท	ภ	ส	ฟ	ท	น	น	ษ	เ	ี	ก	แ
ส	ถ	ห	ฝ	เ	ช	ธ	ศ	้	ล	ต	่	า	น
ผ	ไ	ศ	ผ	บ	ง	ป	่	า	ช	ร	ร	ศ	ะ
ฉ	ษ	ว	ภ	ด	ก	ส	ภ	ผ	ผ	ี	ว	ม	น
ฝ	ผ	เ	ด	า	ข	ล	ธ	า	ถ	ย	ด	ย	ำ
ร	อ	ง	เ	ท	้	า	บ	ู	ท	ม	ย	ุ	ง
ธ	ร	ร	ม	ช	า	ต	ิ	ภ	ู	เ	ข	า	ว
ด	ว	ง	อ	า	ท	ิ	ต	ย	์	ไ	ท	จ	ข

หน้าผา
น้ำ
สัตว์
รองเท้าบูท
เหนื่อย
ภูมิอากาศ
คำแนะนำ
แผนที่
ภูเขา
ยุง
ธรรมชาติ
ปฐมนิเทศ
หนัก
หิน
การตระเตรียม
ป่า
ดวงอาทิตย์

50 - Naturaleza

ฟ	ก	ธ	อ	ธ	พ	ด	ส	ร	ล	ป	เ	ไ	ห
ภ	◌ู	เ	ข	า	ห	ล	พ	ส	เ	ไ	ข	บ	ม
ไ	ม	บ	ง	ร	ร	ก	พ	ล	ว	◌ั	ต	ไ	อ
เ	ม	ฆ	ะ	น	ท	◌์	ณ	ฝ	ข	ภ	ร	ม	ก
ร	ศ	แ	ณ	◌้	◌ี	ส	ก	ส	ง	บ	◌้	◌้	ผ
ป	◌่	า	า	◌ำ	◌่	◌ำ	ช	ต	ผ	ฝ	อ	ป	◌ื
ช	แ	อ	ห	แ	ห	ค	ท	ป	◌ิ	บ	น	จ	◌้
ะ	ภ	ไ	น	ข	ล	◌ั	ะ	แ	น	ก	◌ิ	า	ง
ะ	า	ะ	◌้	◌็	บ	ญ	เ	ธ	ส	จ	◌่	ช	ฝ
ส	ฉ	ว	า	ง	ภ	ม	ล	ญ	ฉ	ผ	ง	ท	ก
า	◌ั	อ	ผ	แ	◌ั	า	ท	แ	ม	◌่	น	◌้	◌ำ
ม	ฝ	ต	า	ซ	ย	ก	ร	ร	ส	ภ	แ	ด	แ
ร	ห	ค	ว	า	ม	ง	า	ม	ไ	ค	พ	ภ	ร
บ	อ	ย	ค	◌์	ส	ซ	ย	ธ	ศ	ต	ด	ณ	เ

ผึ้ง
หน้าผา
สัตว์
อาร์กติก
ความงาม
ป่า
ทะเลทราย
พลวัต
ร่อน
ใบไม้
ธารน้ำแข็ง
ภูเขา
หมอก
เมฆ
สงบ
ที่หลบภัย
แม่น้ำ
นิ่ง
เขตร้อน
สำคัญมาก

51 - Conduciendo

ต	ก	ก	ว	ม	ก	ว	ไ	ป	ป	โ	ว	อ	ค
พ	◌ำ	า	จ	ะ	า	ส	บ	เ	ล	ร	แ	◌ุ	น
ส	เ	ร	บ	ก	ร	ถ	อ	ญ	เ	ง	ผ	โ	เ
ห	ะ	จ	ว	แ	ข	ศ	น	ฝ	ส	ร	น	ม	ด
บ	ฝ	ร	ว	จ	น	พ	◌ุ	น	แ	ถ	ท	ง	◌ิ
แ	น	า	จ	เ	ส	ห	ญ	ด	ก	ษ	◌ี	ค	น
อ	ค	จ	ฟ	ล	◌่	ร	า	ด	◌๊	ถ	◌่	◌์	เ
◌ั	ญ	ร	ฉ	ป	ง	ษ	ต	ท	ส	ฟ	ล	ไ	ท
น	อ	เ	ช	◌ื	◌้	อ	เ	พ	ล	◌ิ	ง	ด	◌้
ต	เ	บ	ร	ค	ค	ว	า	ม	เ	ร	◌็	ว	า
ร	ถ	จ	◌ั	ก	ร	ย	า	น	ย	น	ต	◌์	ช
า	ร	ถ	บ	ร	ร	ท	◌ุ	ก	ท	ค	ฉ	ม	ษ
ย	ค	ว	า	ม	ป	ล	อ	ด	ภ	◌ั	ย	ก	ต
ไ	อ	◌ุ	บ	◌ั	ต	◌ิ	เ	ห	ต	◌ุ	ธ	ก	ญ

อุบัติเหตุ
ถนน
รถบรรทุก
รถ
เชื้อเพลิง
เบรค
โรงรถ
แก๊ส
ใบอนุญาต
แผนที่
รถจักรยานยนต์
คนเดินเท้า
อันตราย
ตำรวจ
ความปลอดภัย
การขนส่ง
การจราจร
อุโมงค์
ความเร็ว

52 - Ballet

จ	ณ	เ	ศ	า	ถ	ม	ณ	พ	ม	ซ	ท	น	ก
ษ	◌ั	ส	ฉ	ห	อ	ซ	า	ท	ไ	า	◌่	◌ั	ล
ล	ห	ง	ต	ผ	◌ู	◌้	ช	ม	บ	ฟ	า	ก	◌้
ต	ท	ธ	ห	า	ฟ	อ	ฟ	จ	ด	น	ท	แ	า
จ	ไ	อ	ว	ว	ษ	ม	ฝ	ร	น	ญ	า	ต	ม
ท	◌ั	ก	ษ	ะ	ะ	ภ	พ	ม	ต	ภ	ง	◌่	เ
บ	ท	เ	ร	◌ี	ย	น	ศ	เ	ร	ป	ม	ง	น
ฉ	อ	น	ส	ม	ภ	◌ั	ว	◌ิ	◌ี	ร	ณ	เ	◌ี
แ	ส	ด	ง	อ	อ	ก	ง	ไ	ล	◌ู	ะ	พ	◌้
เ	ด	◌ี	◌่	ย	ว	เ	ด	ว	ส	ป	ย	ล	อ
ช	ค	แ	า	พ	ช	ต	น	น	เ	แ	ะ	ง	ส
ต	ฝ	ภ	ง	ช	ว	◌้	ต	แ	ส	บ	ล	ษ	ฝ
อ	แ	ย	า	ซ	อ	น	ร	ม	ณ	บ	ข	ผ	ศ
อ	ง	ษ	ม	ไ	จ	ป	◌ี	เ	ท	ค	น	◌ิ	ค

สง่างาม
ศิลปะ
ผู้ชม
นักเต้น
นักแต่งเพลง
ซ้อม
รูปแบบ
แสดงออก
ท่าทาง
ทักษะ
บทเรียน
กล้ามเนื้อ
ดนตรี
วงดนตรี
จังหวะ
เดี่ยว
เทคนิค

53 - Aventura

น	ท	ฟ	ค	ธ	ค	ค	ด	น	ว	ก	ค	ณ	แ
◌่	◌ั	ไ	ว	เ	ว	ว	ษ	ม	◌ำ	า	ภ	จ	ข
า	ศ	ก	า	จ	า	า	ท	แ	ผ	ร	ญ	ร	บ
แ	น	◌ิ	ม	ฝ	ม	ม	ว	ฟ	◌ิ	เ	◌่	โ	ะ
ป	ศ	จ	ก	พ	ย	ป	ไ	ย	ด	ด	ธ	อ	ผ
ล	◌ึ	ก	ล	ป	า	ล	เ	ต	ป	◌ิ	ร	ก	ง
ก	ก	ร	◌้	ล	ก	อ	ค	ห	ก	น	ร	า	ะ
ไ	ษ	ร	า	า	ฟ	ด	ไ	ม	ต	ท	ม	ส	อ
จ	า	ม	ห	ย	จ	ภ	ค	ห	◌ิ	า	ช	ฉ	◌ั
ด	ง	อ	า	ท	ป	◌ั	ธ	ฉ	ม	ง	า	พ	น
ค	ย	ฉ	ญ	า	ฟ	ย	ซ	อ	ล	◌่	ต	ม	ต
ค	ว	า	ม	ง	า	ม	ง	จ	ฝ	จ	◌ิ	ง	ร
เ	พ	◌ื	◌่	อ	น	ญ	ช	น	ฝ	ศ	อ	พ	า
ก	า	ร	ต	ร	ะ	เ	ต	ร	◌ี	ย	ม	ย	ย

กิจกรรม
จอย
เพื่อน
ความงาม
ปลายทาง
ความยาก
ทัศนศึกษา
ผิดปกติ
ธรรมชาติ
นำร่อง
ใหม่
โอกาส
อันตราย
การตระเตรียม
ความปลอดภัย
น่าแปลกใจ
ความกล้าหาญ
การเดินทาง

54 - Pájaros

ผ	ม	เ	ก	เ	ฉ	เ	พ	น	ก	ว	◌ิ	น	น
แ	ษ	ห	ภ	ร	ป	ห	อ	ก	ป	ร	ร	ก	ก
ห	ไ	ย	ภ	ส	ะ	◌็	ข	ก	ศ	ะ	ซ	ก	พ
บ	อ	◌ี	เ	ษ	ป	ส	ด	ร	ไ	ศ	พ	า	◌ิ
ไ	ข	◌่	ถ	แ	พ	ภ	า	ะ	ค	เ	ฝ	เ	ร
จ	ง	ย	ะ	ล	อ	◌ิ	น	ท	ร	◌ี	ด	ห	า
ท	ฉ	ว	ก	ณ	พ	ฝ	เ	◌ุ	ซ	ท	จ	ว	บ
◌ู	ต	ข	ฟ	ล	า	ม	◌ิ	ง	โ	ก	ฟ	◌่	จ
แ	ห	ณ	อ	ซ	ว	น	ไ	ก	◌่	ฝ	ผ	า	ถ
ค	อ	ง	ธ	ล	น	ก	ก	ร	ะ	ส	า	เ	ว
น	ท	ญ	ส	ษ	ข	แ	ย	ะ	น	ษ	จ	ม	อ
บ	ต	ไ	ท	◌์	ณ	ก	ฝ	จ	ณ	ย	ป	ถ	ไ
น	า	ง	น	ว	ล	◌้	ถ	อ	◌ี	ก	า	ง	ไ
ม	ไ	ไ	ร	ฟ	ฝ	ว	ญ	ก	ห	◌่	า	น	ภ

อินทรี
นกกระสา
หงส์
นกกาเหว่า
อีกา
ฟลามิงโก
ห่าน
กระสา
นางนวล
กระจอก
เหยี่ยว
ไข่
นกแก้ว
นกพิราบ
เป็ด
นกกระทุง
เพนกวิน
ไก่
ทูแคน

55 - Playa

ศ	น	เ	ผ	ส	ด	ไ	ส	ข	ย	ช	ง	ญ	ช
ไ	ก	ป	ฉ	◌ี	ว	ผ	ต	ห	พ	ก	ร	ฝ	า
ผ	ถ	◌ู	ฝ	น	ง	ฉ	◌ั	น	ไ	ม	◌่	ล	ย
เ	ก	า	ะ	◌้	อ	ม	ร	า	บ	ว	ม	า	ฝ
ณ	ไ	ก	จ	◌ำ	า	ห	อ	ว	ข	◌ั	ช	ก	◌ั
เ	ร	◌ื	อ	เ	ท	า	ง	ด	ก	น	ห	◌ู	◌่
ข	ต	น	ว	ง	◌ิ	ส	เ	ะ	ภ	ห	ห	น	ง
ศ	ต	จ	แ	◌ิ	ต	ม	ท	ร	า	ย	เ	น	ก
จ	ม	ศ	ฟ	น	ย	◌ุ	◌้	◌ี	ด	◌ุ	ร	ญ	◌ู
ท	ะ	เ	ล	จ	◌์	ท	า	ฟ	ถ	ด	◌ี	ร	ต
ญ	ป	ะ	บ	ถ	ษ	ร	แ	ช	ป	ต	อ	จ	อ
ไ	ท	ท	ซ	ผ	ช	ณ	ต	ห	ณ	ท	ใ	า	ต
ม	ด	ไ	ส	เ	อ	ย	ะ	ะ	ม	ห	บ	ข	ย
ซ	ข	ษ	เ	ไ	ถ	า	ภ	ม	ด	ง	ภ	ณ	ไ

ทราย
รีฟ
สีน้ำเงิน
เรือ
ปู
ชายฝั่ง
เกาะ
ลากูน

ทะเล
มหาสมุทร
ร่ม
รองเท้าแตะ
ดวงอาทิตย์
ผ้าขนหนู
วันหยุด
เรือใบ

56 - Surf

ซ	ไ	แ	ช	ม	ป	◌์	บ	ซ	ไ	ส	ค	ช	พ
ค	ล	ย	บ	ษ	◌ี	ร	◌ี	ฟ	อ	เ	จ	า	ธ
ง	ไ	ฟ	ด	ธ	อ	อ	ไ	เ	ะ	ป	ช	ย	ส
ม	ร	อ	ข	จ	ป	จ	ไ	ณ	ผ	ร	แ	ห	ภ
น	ห	◌ู	ไ	ท	ญ	แ	ผ	ห	ค	ย	ฝ	า	า
◌ั	ค	า	ป	ไ	ณ	ด	ด	พ	ม	◌์	◌ู	ด	พ
ก	ว	ถ	ส	แ	ร	ง	ศ	ส	ส	◌่	ง	ร	อ
ก	า	ข	◌ุ	ม	บ	ฉ	แ	ร	อ	ษ	ช	โ	า
◌ี	ม	ผ	ด	พ	◌ุ	บ	ค	ล	◌ื	◌่	น	ฟ	ก
ฬ	เ	ณ	ข	ศ	ข	ท	ส	น	◌ุ	ก	ย	ม	า
า	ร	ภ	◌ี	ห	ฝ	◌้	ร	พ	จ	พ	ะ	ถ	ศ
ร	◌็	ม	ด	ช	ด	อ	ค	จ	พ	ไ	ถ	เ	ท
ไ	ว	ร	ธ	ภ	ป	ง	ช	ภ	ะ	ฟ	ษ	ซ	ง
เ	ป	◌็	น	ท	◌ี	◌่	น	◌ิ	ย	ม	น	ย	ณ

รีฟ
นักกีฬา
แชมป์
สภาพอากาศ
สนุก
โฟม
รูปแบบ
ท้อง
สุดขีด
แรง
ฝูงชน
มหาสมุทร
คลื่น
ชายหาด
เป็นที่นิยม
มือใหม่
สเปรย์
ความเร็ว

57 - Geografía

แ	อ	ต	ล	า	ส	ศ	น	ไ	ห	แ	ป	เ	ม
พ	พ	พ	ฟ	ณ	ภ	เ	ภ	ท	ส	ม	ร	พ	ไ
ล	น	ธ	น	ป	◌ู	ก	ป	ธ	ผ	◌่	ะ	ก	เ
เ	ม	อ	ร	◌ิ	เ	ด	◌ี	ย	น	น	เ	ษ	ช
ส	ก	จ	ไ	า	ข	ม	ท	ช	ก	◌้	ท	ล	ต
◌้	เ	า	ป	ซ	า	ย	ณ	ว	ะ	◌ำ	ศ	ท	ล
น	ข	ข	ะ	ม	แ	ผ	น	ท	◌ี	◌่	ษ	◌ิ	ะ
แ	ก	ต	ไ	ด	ไ	ซ	บ	น	ซ	ป	า	ศ	ต
ว	ด	โ	ต	ะ	ว	◌ั	น	ต	ก	ธ	ว	เ	◌ิ
ง	ร	ล	◌ั	ท	ฉ	ภ	า	ค	ฟ	ะ	ล	ห	จ
ซ	◌ี	ก	โ	ล	ก	ณ	ท	ะ	เ	ล	ข	น	◌ู
ร	ะ	ด	◌ั	บ	ค	ว	า	ม	ส	◌ู	ง	◌ี	ด
อ	า	ณ	า	เ	ข	ต	ภ	ส	เ	ม	◌ื	อ	ง
า	ท	ป	แ	บ	ด	เ	ซ	ภ	ท	ย	า	เ	อ

ระดับความสูง
แอตลาส
เมือง
ทวีป
ซีกโลก
เกาะ
ละติจูด
เส้นแวง
แผนที่
ทะเล
เมอริเดียน
ภูเขา
โลก
ทิศเหนือ
ตะวันตก
ประเทศ
ภาค
แม่น้ำ
ใต้
อาณาเขต

58 - Deportes

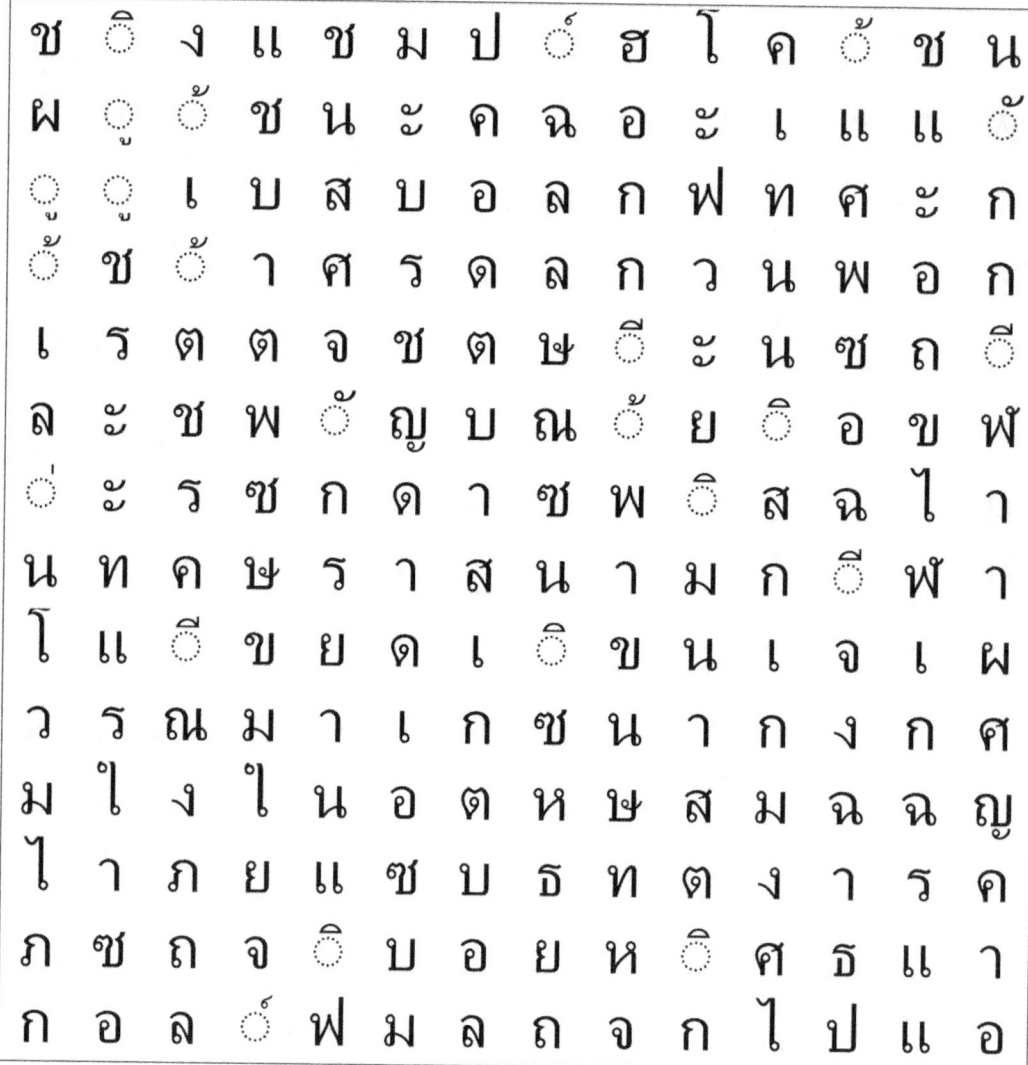

ช	◌ิ	ง	แ	ช	ม	ป	◌์	ฮ	โ	ค	◌้	ช	น
ผ	◌ู	◌้	ช	น	ะ	ค	ฉ	อ	ะ	เ	แ	แ	◌ั
◌ู	◌ู	เ	บ	ส	บ	อ	ล	ก	ฟ	ท	ศ	ะ	ก
◌้	ช	◌้	า	ศ	ร	ด	ล	ก	ว	น	พ	อ	ก
เ	ร	ต	ต	จ	ช	ต	ษ	◌ี	ะ	น	ซ	ถ	◌ี
ล	ะ	ช	พ	◌ั	ญ	บ	ณ	◌้	ย	◌ิ	อ	ข	ฬ
◌่	ะ	ร	ซ	ก	ด	า	ซ	พ	◌ิ	ส	ฉ	ไ	า
น	ท	ค	ษ	ร	า	ส	น	า	ม	ก	◌ี	ฬ	า
โ	แ	◌ี	ข	ย	ด	เ	◌ิ	ข	น	เ	จ	เ	ผ
ว	ร	ณ	ม	า	เ	ก	ซ	น	า	ก	ง	ก	ศ
ม	ไ	ง	ไ	น	อ	ต	ห	ษ	ส	ม	ฉ	ฉ	ญ
ไ	า	ภ	ย	แ	ซ	บ	ธ	ท	ต	ง	า	ร	ค
ภ	ซ	ถ	จ	◌ิ	บ	อ	ย	ห	◌ิ	ศ	ธ	แ	า
ก	อ	ล	◌์	ฟ	ม	ล	ถ	จ	ก	ไ	ป	แ	อ

นักกีฬา
ผู้ตัดสิน
บาสเกตบอล
เบสบอล
จักรยาน
ชิงแชมป์
โค้ช
ทีม
สนามกีฬา
ผู้ชนะ
ยิมนาสติก
โรงยิม
กอล์ฟ
ฮอกกี้
เกม
ผู้เล่น
เทนนิส

59 - Actividades

ถ	ศ	ล	◌่	า	ส	◌ั	ต	ว	◌์	ณ	ภ	า	ข
◌ั	ข	ด	แ	ก	ค	ท	◌ั	ก	ษ	ะ	า	ช	ธ
ก	า	ร	เ	ย	◌็	บ	ญ	ว	ป	ไ	พ	อ	ด
า	ย	ง	เ	ซ	ร	า	ม	◌ิ	ก	ล	ว	ซ	ส
ร	ก	า	ร	ท	◌ำ	ส	ว	น	ง	ท	า	ษ	เ
ถ	ย	น	ก	บ	ฉ	ภ	แ	ศ	ร	ด	ด	ฉ	ก
◌่	◌ิ	ฝ	ะ	า	ห	ม	ก	◌ิ	จ	ก	ร	ร	ม
า	น	◌ี	ก	เ	ร	เ	ว	ล	า	ว	◌่	า	ง
ย	ด	ม	ม	ป	ค	อ	ข	ป	อ	ธ	ส	แ	แ
ภ	◌ี	◌ี	ษ	ต	ร	น	◌่	ะ	ช	ถ	ฝ	ส	ร
า	ษ	อ	ช	ถ	เ	◌ิ	ห	า	ภ	ง	ล	ฉ	ต
พ	ม	า	ย	า	ก	ล	ศ	ย	น	ต	แ	อ	ไ
ฉ	ญ	น	ษ	ง	ผ	◌่	อ	น	ค	ล	า	ย	ป
า	า	ธ	ม	ฝ	ก	ฝ	ย	ะ	า	ข	ษ	เ	ฟ

กิจกรรม
ศิลปะ
งานฝีมือ
ล่าสัตว์
เซรามิก
การเย็บ
การถ่ายภาพ
ทักษะ
การทำสวน
เกม
การอ่าน
มายากล
เวลาว่าง
ตกปลา
ภาพวาด
ยินดี
ผ่อนคลาย
ปริศนา
ถัก

60 - Verduras

ร	ศ	ท	ฝ	ไ	ผ	ผ	ด	ม	ะ	ก	อ	ก	ช
ญ	ข	ค	เ	ม	จ	ศ	◌ั	ว	ะ	ง	ฟ	น	ห
บ	ฟ	อ	พ	ม	ษ	ล	น	ก	ษ	เ	อ	ถ	◌ั
ร	◌ั	ญ	ไ	ห	ษ	ษ	ถ	ไ	โ	ป	ข	ช	ว
อ	ก	ข	◌ื	◌้	น	ฉ	◌่	า	ย	ข	ฝ	◌ี	ห
ก	ท	ห	◌ิ	ก	ร	ะ	เ	ท	◌ี	ย	ม	อ	อ
โ	อ	◌ั	ษ	ง	า	ด	ห	ญ	ษ	แ	ะ	า	ม
ค	ง	ว	ค	ะ	ร	เ	◌็	ย	า	แ	เ	ต	ป
ล	ว	ผ	ง	ม	ธ	ธ	ด	พ	ร	ต	ข	◌ิ	ก
◌ี	ผ	◌ั	ก	ช	◌ี	ฝ	ร	◌ั	◌่	ง	◌ี	โ	ฟ
ล	แ	ก	ส	ล	◌ั	ด	ญ	ร	ถ	ก	อ	ช	ศ
ส	ข	ก	ถ	◌ั	◌่	ว	ง	ซ	พ	ว	เ	◌๊	ไ
จ	ก	า	พ	แ	ค	ร	อ	ท	ษ	า	ท	ค	อ
ภ	ซ	ด	ม	◌ั	น	ฝ	ร	◌ั	◌่	ง	ศ	ข	ด

กระเทียม
อาติโช๊ค
ขึ้นฉ่าย
มะเขือ
บรอกโคลี
ฟักทอง
หัวหอม
สลัด
ผักโขม
ถั่ว
ขิง
หัวผักกาด
มะกอก
มันฝรั่ง
แตงกวา
ผักชีฝรั่ง
เห็ด
มะเขือเทศ
แครอท

61 - Instrumentos Musicales

ก	ล	อ	ง	ค	แ	บ	น	โ	จ	ฮ	ฆ	ต	ข
ถ	ร	ก	ธ	ณ	ล	ถ	ต	ท	ว	า	◌้	เ	น
ย	ต	ล	ฟ	ฉ	ท	า	เ	บ	ณ	ร	อ	ช	ด
ท	ร	แ	ท	ม	บ	◌ู	ร	◌ี	น	◌์	ง	ล	ณ
ช	ร	ไ	ซ	ง	ซ	ญ	ณ	◌ิ	น	โ	จ	โ	ฮ
ท	ฝ	อ	ข	ล	◌ุ	◌่	ย	อ	เ	ม	ไ	ล	า
ร	ธ	ะ	ม	า	ร	◌ิ	ม	บ	า	น	ม	ก	ร
โ	ด	ฟ	ไ	โ	า	ซ	เ	ล	ฟ	◌ิ	◌็	◌ี	◌์
ร	อ	ข	ง	น	บ	ข	ป	ศ	ร	ก	ษ	ต	ป
ไ	ว	โ	อ	ล	◌ิ	น	◌ี	ท	พ	◌้	เ	า	ท
ษ	บ	อ	บ	ว	ข	ง	ย	ซ	ค	า	แ	ร	ก
ณ	ฝ	ท	ต	แ	ซ	ก	โ	ซ	โ	ฟ	น	◌์	ภ
า	ไ	ว	พ	ต	แ	ม	น	โ	ด	ล	◌ิ	น	ย
ง	ต	ค	ผ	ร	ไ	ม	◌้	ต	◌ี	ก	ล	อ	ง

ฮาร์โมนิก้า
ฮาร์ป
แบนโจ
ไม้ตีกลอง
คลาริเน็ต
ขลุ่ย
ฆ้อง
กีตาร์
แมนโดลิน
มาริมบา
โอโบ
แทมบูรีน
เปียโน
แซกโซโฟน
กลอง
ทรอมโบน
แตร
ไวโอลิน
เชลโล

62 - Escalada

ร	อ	ง	เ	ท	้	า	บ	ู	ท	ค	ษ	ค	ร
จ	บ	จ	เ	า	ญ	แ	ร	ง	ศ	ำ	ศ	ว	ะ
ก	แ	ค	บ	ง	จ	ย	ร	ค	ง	แ	ต	า	ด
า	ภ	ภ	ข	ก	ม	ด	ย	ย	ญ	น	ถ	ม	ั
ร	ล	ป	ษ	า	ภ	ฉ	า	ถ	ล	ะ	ุ	อ	บ
อ	ษ	ฉ	ไ	ย	แ	ฟ	ก	บ	้	น	ง	ย	ค
บ	ฉ	จ	ห	ภ	ผ	ว	า	ต	ด	ำ	ม	า	ว
ร	จ	า	ถ	า	น	จ	ศ	ญ	อ	ส	ื	ก	า
ม	ฝ	ไ	ผ	พ	ท	ถ	ซ	ม	ย	พ	อ	ร	ม
ผ	ู	้	เ	ช	ี	่	ย	ว	ช	า	ญ	ู	ส
ง	ห	ภ	ย	น	่	แ	ป	ไ	ป	ว	ไ	้	ู
ซ	ฉ	า	ป	ค	ว	า	ม	ม	ั	่	น	ค	ง
ส	ค	ง	ห	ม	ว	ก	น	ิ	ร	ภ	ั	ย	ไ
จ	ต	ก	ฉ	ส	ช	บ	า	ด	เ	จ	็	บ	า

ระดับความสูง
บรรยากาศ
รองเท้าบูท
หมวกนิรภัย
ถ้ำ
ความอยากรู้
ความมั่นคง
แคบ
ผู้เชี่ยวชาญ
ทางกายภาพ
การอบรม
แรง
ถุงมือ
คำแนะนำ
บาดเจ็บ
แผนที่

63 - Mascotas

ผ	ษ	เ	ห	น	◌ู	เ	ก	ญ	ซ	แ	ว	ษ	ไ
เ	ถ	ห	า	อ	ก	ร	ง	เ	ล	◌็	บ	ร	ข
ญ	ต	ป	ง	ส	◌ั	ต	ว	แ	พ	ท	ย	◌์	ง
ส	ศ	◌่	อ	ป	ล	า	ง	ง	ล	ส	ช	ช	แ
ป	ไ	ไ	า	ข	◌ู	ข	น	ฝ	น	ศ	ส	ฉ	ฮ
ก	ค	ต	ห	บ	ก	◌ิ	◌้	ง	ก	◌่	า	อ	ม
จ	ร	ญ	า	ภ	ห	ม	า	ล	แ	ซ	ย	◌ั	ส
แ	พ	ะ	ร	ล	ม	ห	ซ	ช	ก	ฝ	จ	◌้	เ
ไ	ท	ไ	ต	ผ	า	บ	ส	ข	◌้	ไ	◌ู	ง	ต
ไ	ษ	ง	ม	◌่	ร	ไ	ป	ณ	ว	ซ	ง	เ	อ
ว	◌ั	ว	อ	า	า	พ	ณ	ป	ศ	ว	ท	ท	ร
ป	ถ	ษ	ฟ	ห	ธ	ย	ข	ถ	ธ	ช	ก	◌้	◌์
แ	ด	ฟ	ไ	ช	ฉ	อ	า	ด	แ	ม	ว	า	ไ
ห	ช	ม	ต	ก	จ	น	◌้	ำ	ด	ถ	ญ	ค	ป

น้ำ   กิ้งก่า
แพะ   นกแก้ว
ลูกหมา   อุ้งเท้า
หาง   หมา
อาหาร   ปลา
กระต่าย   หนู
สายจูง   เต่า
กรงเล็บ   วัว
แมว   สัตวแพทย์
แฮมสเตอร์

64 - Flores

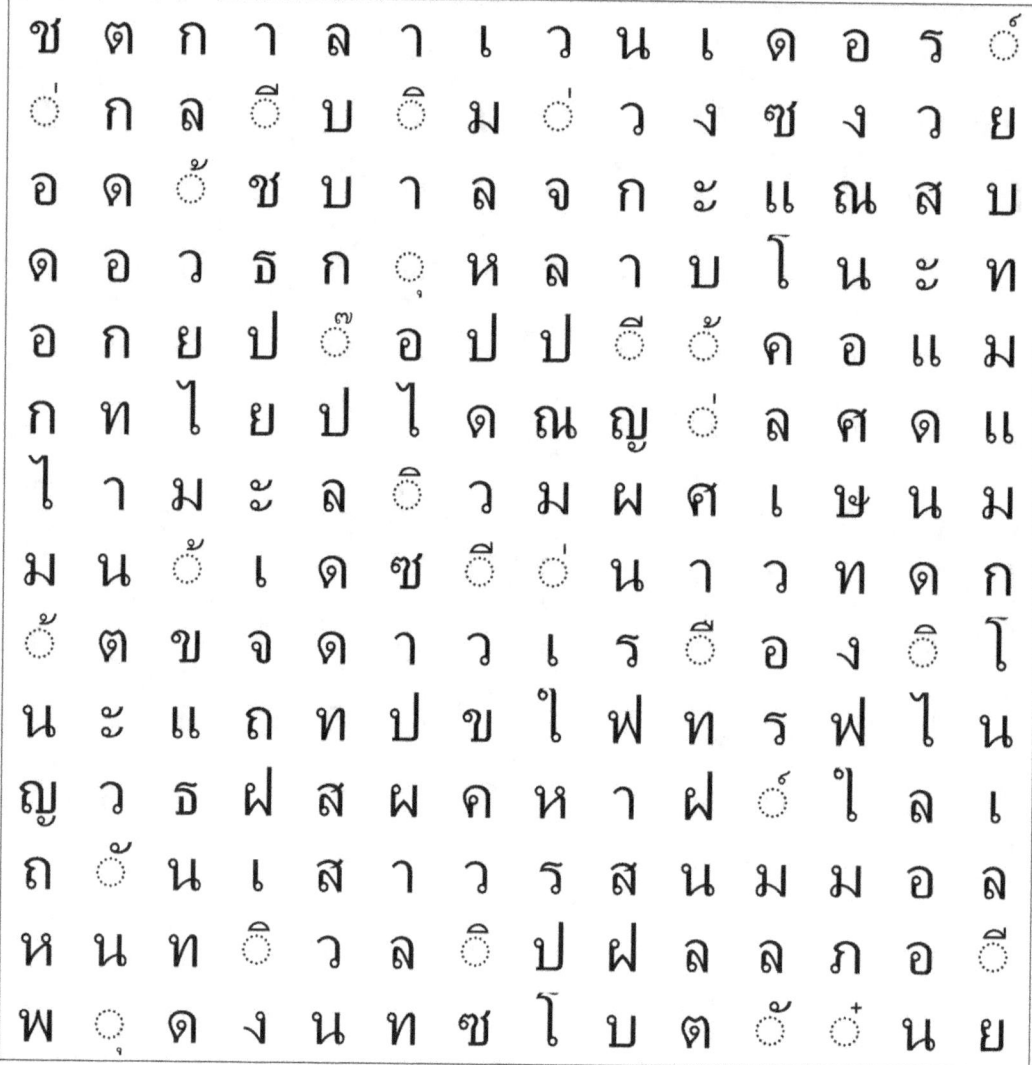

ช	ต	ก	า	ล	า	เ	ว	น	เ	ด	อ	ร	◌์
◌่	ก	ล	◌ี	บ	◌ิ	ม	◌่	ว	ง	ซ	ง	ว	ย
อ	ด	◌้	ช	บ	า	ล	จ	ก	ะ	แ	ณ	ส	บ
ด	อ	ว	ธ	ก	◌ุ	ห	ล	า	บ	โ	น	ะ	ท
อ	ก	ย	ป	◌๊	อ	ป	ป	◌ี	◌้	ค	อ	แ	ม
ก	ท	ไ	ย	ป	ไ	ด	ณ	ญ	◌่	ล	ศ	ด	แ
ไ	า	ม	ะ	ล	◌ิ	ว	ม	ผ	ศ	เ	ษ	น	ม
ม	น	◌้	เ	ด	ซ	◌ี	◌่	น	า	ว	ท	ด	ก
◌้	ต	ข	จ	ด	า	ว	เ	ร	◌ี	อ	ง	◌ิ	โ
น	ะ	แ	ถ	ท	ป	ข	ไ	ฟ	ท	ร	ฟ	ไ	น
ญ	ว	ธ	ฝ	ส	ผ	ค	ห	า	ฝ	◌์	ไ	ล	เ
ถ	◌ั	น	เ	ส	า	ว	ร	ส	น	ม	ม	อ	ล
ห	น	ท	◌ิ	ว	ล	◌ิ	ป	ฝ	ล	ล	ภ	อ	◌ี
พ	◌ุ	ด	ง	น	ท	ซ	โ	บ	ต	◌ั	◌๋	น	ย

ป๊อปปี้
ดาวเรือง
แดนดิไลออน
พุด
ดอกทานตะวัน
ชบา
มะลิ
ลาเวนเดอร์
ม่วง
ลิลลี่
แมกโนเลีย
เดซี่
กล้วยไม้
เสาวรส
โบตั๋น
กลีบ
ช่อดอกไม้
กุหลาบ
โคลเวอร์
ทิวลิป

65 - Astronomía

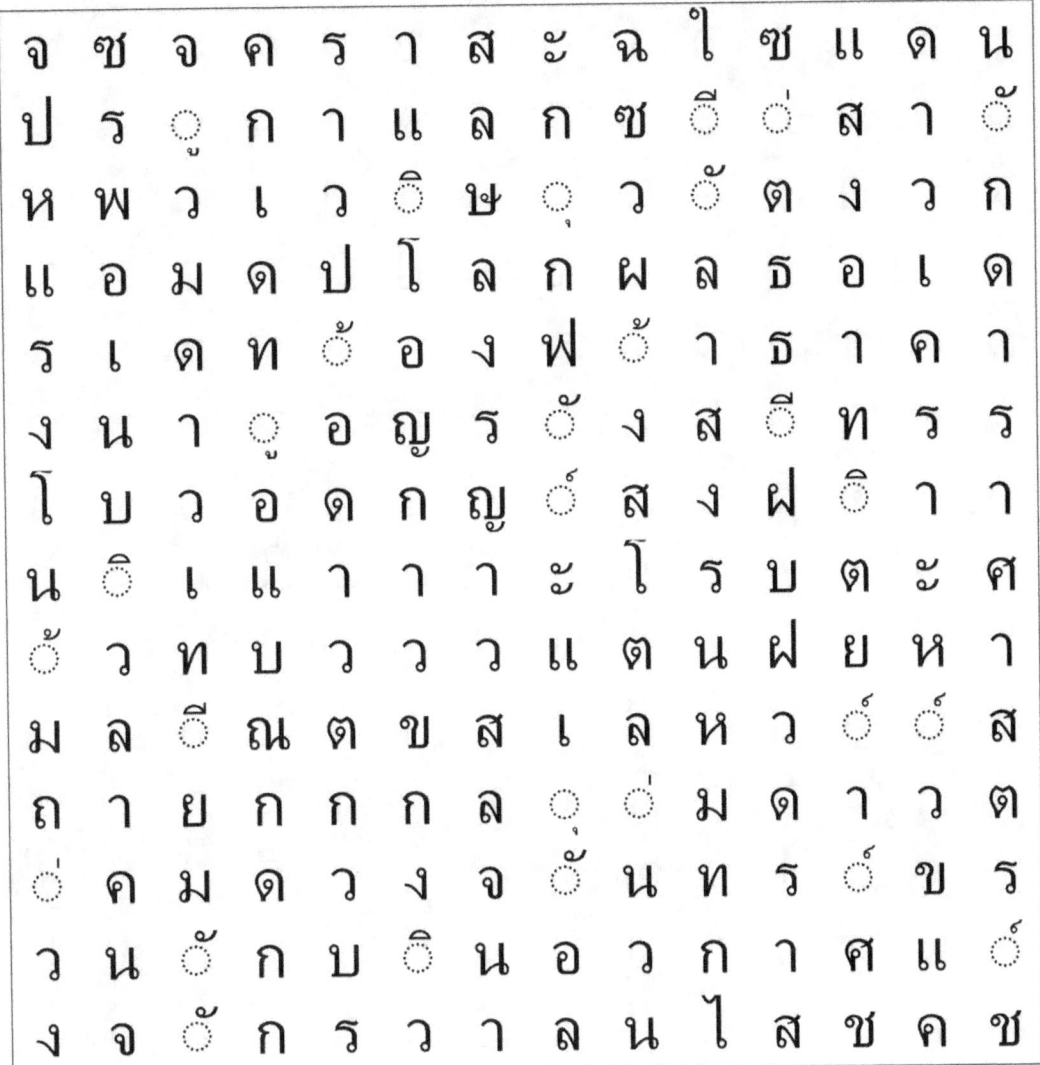

จ	ซ	จ	ค	ร	า	ส	ะ	ฉ	ใ	ซ	แ	ด	น
ป	ร	◌ู	ก	า	แ	ล	ก	ซ	◌ี	◌่	ส	า	◌ั
ห	พ	ว	เ	ว	◌ิ	ษ	◌ุ	ว	◌ั	ต	ง	ว	ก
แ	อ	ม	ด	ป	โ	ล	ก	ผ	ล	ธ	อ	เ	ด
ร	เ	ด	ท	◌้	อ	ง	ฟ	◌้	า	ธ	า	ค	า
ง	น	า	◌ู	อ	ญ	ร	◌ั	ง	ส	◌ี	ท	ร	ร
โ	บ	ว	อ	ด	ก	ญ	◌์	ส	ง	ฝ	◌ิ	า	า
น	◌ิ	เ	แ	า	า	า	ะ	โ	ร	บ	ต	ะ	ศ
◌้	ว	ท	บ	ว	ว	ว	แ	ต	น	ฝ	ย	ห	า
ม	ล	◌ี	ณ	ต	ข	ส	เ	ล	ห	ว	◌์	◌์	ส
ถ	า	ย	ก	ก	ก	ล	◌ุ	◌่	ม	ด	า	ว	ต
◌่	ค	ม	ด	ว	ง	จ	◌ั	น	ท	ร	◌์	ข	ร
ว	น	◌ั	ก	บ	◌ิ	น	อ	ว	ก	า	ศ	แ	◌์
ง	จ	◌ั	ก	ร	ว	า	ล	น	ไ	ส	ช	ค	ช

นักบินอวกาศ
นักดาราศาสตร์
ท้องฟ้า
จรวด
กลุ่มดาว
คราส
วิษุวัต
กาแลกซี่
แรงโน้มถ่วง
ดวงจันทร์
ดาวตก
เนบิวลา
หอดูดาว
ดาวเคราะห์
รังสี
ดาวเทียม
แสงอาทิตย์
ซูเปอร์โนวา
โลก
จักรวาล

66 - Tiempo

ภ	ณ	ศ	า	อ	เ	ด	◌ื	อ	น	ด	ห	ด	ธ
ว	ว	ด	ษ	ะ	ข	ว	ก	ล	า	ง	ค	◌ื	น
ส	◌ั	อ	ส	ษ	ณ	ร	แ	ร	ท	ด	ก	ไ	เ
ศ	ะ	น	ป	ร	ะ	จ	◌ำ	ป	◌ี	ภ	จ	พ	ม
ฝ	ผ	า	น	ณ	ซ	ก	◌่	อ	น	ช	แ	า	◌ื
น	ศ	ค	ต	◌ี	ส	◌ั	ป	ด	า	ห	◌์	ะ	◌่
ท	า	ต	ร	อ	◌้	ศ	ต	ว	ร	ร	ษ	ด	อ
ศ	ข	ฬ	ข	ว	น	ช	◌ั	◌่	ว	โ	ม	ง	ว
ว	ป	ฏ	◌ิ	ท	◌ิ	น	ภ	แ	◌ั	ส	ฝ	ธ	า
ร	แ	ท	ป	ก	ฝ	พ	◌ี	ด	น	ง	ห	ป	น
ร	ภ	ร	ก	ว	า	เ	ช	◌้	า	ผ	ภ	◌ี	น
ษ	ล	น	ไ	ท	ณ	ด	เ	เ	ท	◌ี	◌่	ย	ง
ร	ผ	ด	ล	ย	ข	ป	ล	บ	ญ	ท	ภ	ณ	เ
ค	ศ	น	ถ	พ	ป	พ	ฝ	ษ	ถ	ห	ฉ	ซ	ค

ตอนนี้
ก่อน
ประจำปี
ปี
เมื่อวาน
ปฏิทิน
ทศวรรษ
วัน
อนาคต
ชั่วโมง

วันนี้
เช้า
เที่ยง
เดือน
นาที
ขณะ
กลางคืน
นาฬิกา
สัปดาห์
ศตวรรษ

67 - Paisajes

ท	ภ	จ	ง	ท	◌ุ	น	ด	ร	า	ง	ย	เ	ค
อ	ะ	◌ู	ช	บ	ะ	ส	อ	ห	ผ	ษ	ห	ก	า
ธ	ด	เ	เ	ค	ไ	ไ	จ	◌ุ	ว	ค	ถ	า	บ
ก	ป	ข	ล	ข	ซ	ภ	ก	บ	ล	ถ	ว	ะ	ส
ท	ะ	เ	ล	ท	า	ท	ะ	เ	ล	ส	า	บ	ม
บ	ล	อ	ญ	ช	ร	ไ	ท	ข	ซ	บ	ค	ด	◌ุ
◌ึ	า	ภ	เ	ธ	ย	า	ฟ	า	แ	อ	ฉ	ม	ท
ง	ก	ส	พ	ช	ล	ถ	ย	ะ	ะ	ส	ร	ก	ร
ภ	◌ู	เ	ข	า	น	◌้	◌ำ	แ	ข	◌็	ง	◌์	แ
ต	น	ห	ซ	ย	ส	◌ำ	ช	น	ภ	จ	จ	ด	ม
อ	ผ	ส	ค	ห	า	แ	ต	◌้	◌ู	ไ	ฝ	ซ	◌่
ไ	ธ	ข	ป	า	ก	น	◌้	◌ำ	เ	พ	จ	ญ	น
จ	ด	ณ	ด	ด	ไ	ฉ	ช	ต	ข	ถ	ม	ว	◌้
โ	อ	เ	อ	ซ	◌ิ	ส	ณ	ก	า	ห	ย	ห	◌ำ

น้ำตก
ถ้ำ
ทะเลทราย
ปากน้ำ
ไกเซอร์
ภูเขาน้ำแข็ง
เกาะ
ทะเลสาบ
ลากูน
ทะเล
ภูเขา
โอเอซิส
บึง
คาบสมุทร
ชายหาด
แม่น้ำ
ทุนดรา
หุบเขา
ภูเขาไฟ

68 - Días y Meses

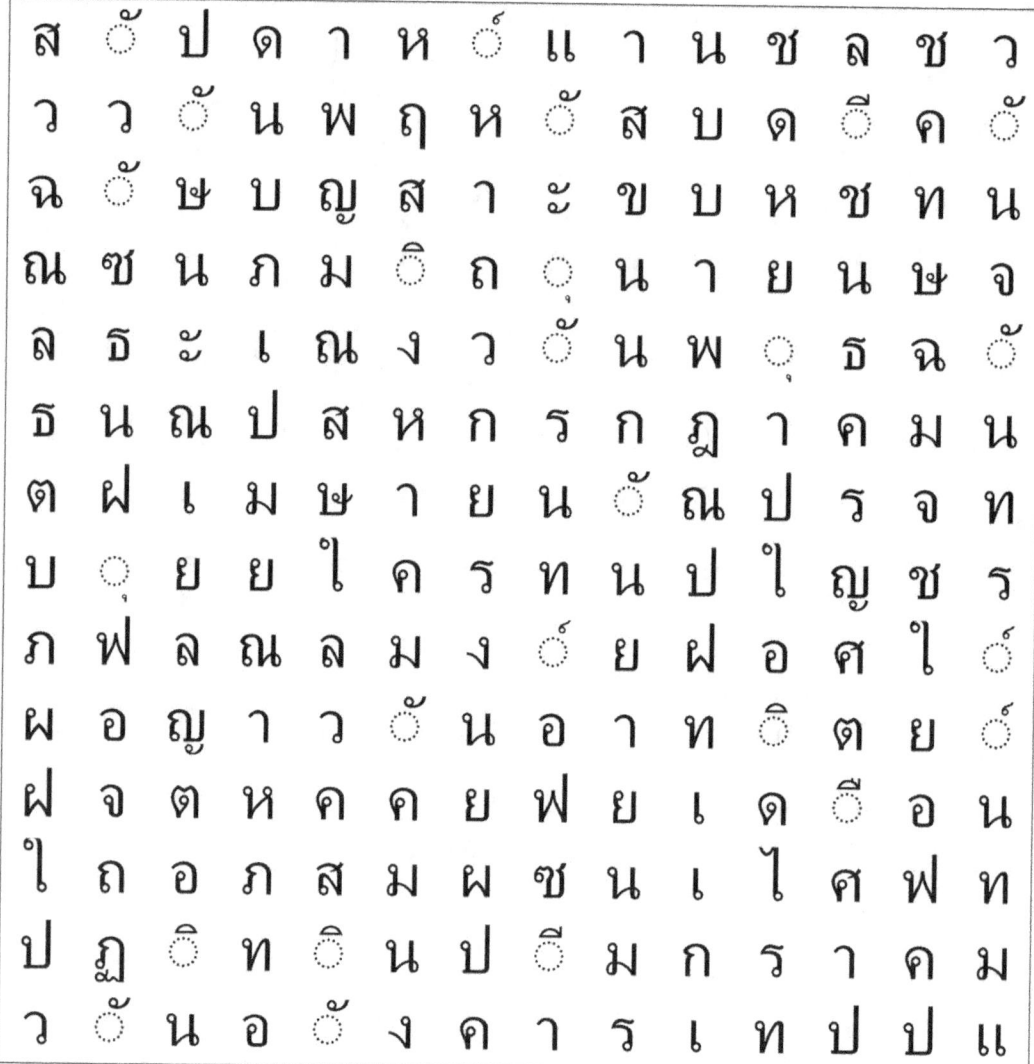

ส	◌ั	ป	ด	า	ห	◌์	แ	า	น	ช	ล	ช	ว
ว	ว	◌ั	น	พ	ฤ	ห	◌ั	ส	บ	ด	◌ี	ค	◌ั
ฉ	◌ั	ษ	บ	ญ	ส	า	ะ	ข	บ	ห	ช	ท	น
ณ	ซ	น	ภ	ม	◌ิ	ถ	◌ุ	น	า	ย	น	ษ	จ
ล	ธ	ะ	เ	ณ	ง	ว	◌ั	น	พ	◌ุ	ธ	ฉ	◌ั
ธ	น	ณ	ป	ส	ห	ก	ร	ก	ฎ	า	ค	ม	น
ต	ฝ	เ	ม	ษ	า	ย	น	◌ั	ณ	ป	ร	จ	ท
บ	◌ุ	ย	ย	ไ	ค	ร	ท	น	ป	ไ	ญ	ช	ร
ภ	ฟ	ล	ณ	ล	ม	ง	◌์	ย	ฝ	อ	ศ	ไ	◌์
ผ	อ	ญ	า	ว	◌ั	น	อ	า	ท	◌ิ	ต	ย	◌์
ฝ	จ	ต	ห	ค	ค	ย	ฟ	ย	เ	ด	◌ี	อ	น
ไ	ถ	อ	ภ	ส	ม	ผ	ซ	น	เ	ไ	ศ	ฟ	ท
ป	ฎ	◌ิ	ท	◌ิ	น	ป	◌ี	ม	ก	ร	า	ค	ม
ว	◌ั	น	อ	◌ั	ง	ค	า	ร	เ	ท	ป	ป	แ

เมษายน
สิงหาคม
ปี
ปฏิทิน
วันอาทิตย์
มกราคม
วันพฤหัสบดี
กรกฎาคม
มิถุนายน
วันจันทร์
วันอังคาร
เดือน
วันพุธ
ตุลาคม
วันเสาร์
สัปดาห์
กันยายน

69 - Chocolate

ก	แ	ป	ล	ก	ไ	ห	ม	◌่	แ	อ	ค	โ	ต
า	ล	ฟ	ณ	ง	บ	ถ	ส	ท	า	ร	า	ก	ท
ะ	ร	◌ิ	ป	ป	ฉ	ท	◌ั	◌ี	ส	◌่	ร	โ	ซ
ห	ส	อ	◌่	า	ะ	อ	ภ	◌่	ญ	อ	า	ก	ศ
ช	ช	ภ	บ	น	ณ	บ	ย	ช	ว	ย	เ	◌้	ผ
ส	า	ฝ	ใ	ไ	ห	บ	บ	◌ี	ก	ย	ม	ห	แ
◌ู	ต	ธ	ห	พ	ญ	อ	ป	◌่	ก	ะ	ล	ว	ค
ต	◌ิ	ศ	ถ	ด	ณ	ร	ม	น	◌้	◌ำ	ต	า	ล
ร	ม	ะ	พ	ร	◌้	า	ว	ช	ก	◌ิ	น	น	อ
อ	ส	◌่	ว	น	ผ	ส	ม	อ	ข	ม	ธ	ม	ร
า	ท	ะ	ะ	อ	ง	ต	ม	บ	ม	ถ	ธ	ไ	◌ี
ห	ข	ช	ช	◌่	า	ง	ฝ	◌ี	ม	◌ี	อ	ม	◌่
า	ไ	ภ	จ	ผ	บ	ซ	อ	ล	ฝ	ค	ต	ส	ฉ
ร	ย	ค	◌ุ	ณ	ภ	า	พ	ต	จ	ร	ก	ด	ว

ขม
กลิ่นหอม
ช่างฝีมือ
น้ำตาล
ถั่ว
โกโก้
คุณภาพ
แคลอรี่
คาราเมล
มะพร้าว
กิน
อร่อย
หวาน
แปลกใหม่
ที่ชื่นชอบ
รส
ส่วนผสม
ผง
สูตรอาหาร
รสชาติ

70 - Barbacoas

อ	ส	เ	อ	า	ห	า	ร	เ	ย	◌็	น	ฤ	ค
ไ	า	ม	◌ี	ด	ส	◌ั	ณ	ก	ะ	เ	ค	ด	บ
ง	ผ	ห	ภ	ไ	ล	ฝ	ว	ม	ล	ภ	ร	◌ู	ไ
เ	ว	ษ	า	ร	◌ั	ฟ	ต	ห	ซ	ม	อ	ร	ไ
ะ	ช	ณ	ซ	ร	ด	ะ	ต	ไ	อ	ฝ	บ	◌้	ก
ด	น	ต	ร	◌ี	ก	ผ	ค	ฝ	ส	ม	ค	อ	◌่
เ	ฉ	ด	พ	อ	ด	ล	ว	ผ	ข	ก	ร	น	บ
พ	ผ	◌ั	ก	ไ	ร	ไ	า	ภ	ล	ด	◌ั	ท	ม
◌ี	ร	อ	ง	ก	า	ม	ม	ง	ล	ศ	ว	ต	จ
◌่	ค	◌ิ	เ	ล	ก	◌้	ห	ธ	ว	ข	ท	ฝ	อ
อ	ล	ฝ	ก	ด	พ	บ	◌ิ	น	ป	◌ั	ข	ห	บ
น	อ	ซ	ล	ไ	ล	ท	ว	ศ	ป	ว	น	ป	ต
ซ	ไ	ร	◌ี	ห	ท	ส	า	ย	ง	น	ผ	ไ	ส
า	ร	◌้	อ	น	ซ	ย	◌่	า	ง	บ	ซ	ร	ธ

อาหารกลางวัน
เพื่อน
ร้อน
หัวหอม
อาหารเย็น
มีด
สลัด
ครอบครัว
ผลไม้
ความหิว
เกม
ดนตรี
ย่าง
พริกไทย
ไก่
เกลือ
ซอส
ฤดูร้อน
ผัก

71 - Ropa

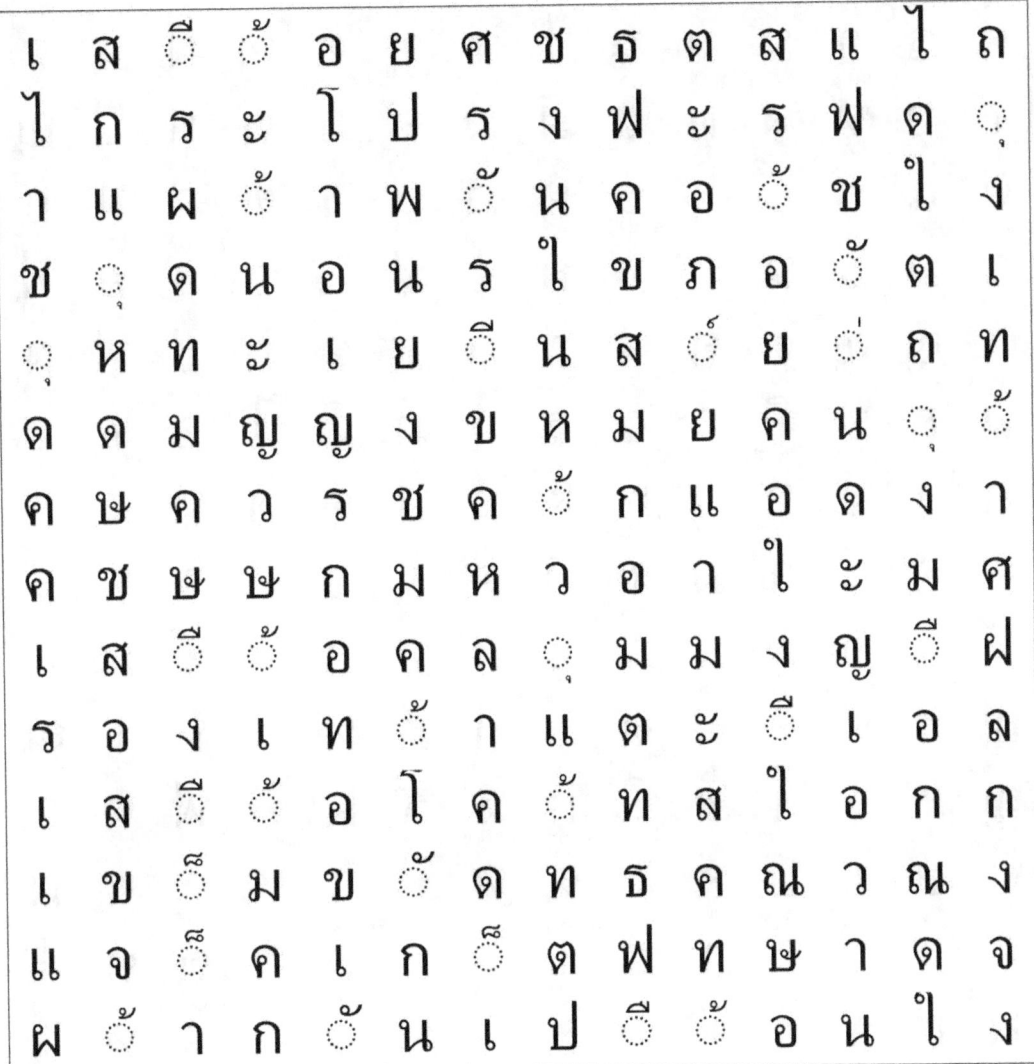

เ	ส	◌ื	◌้	อ	ย	ศ	ช	ธ	ต	ส	แ	ไ	ถ
ไ	ก	ร	ะ	โ	ป	ร	ง	ฟ	ะ	ร	ฟ	ด	◌ุ
า	แ	ผ	◌้	า	พ	◌ั	น	ค	อ	◌้	ช	ไ	ง
ช	◌ุ	ด	น	อ	น	ร	ไ	ข	ภ	อ	◌ั	ต	เ
◌ุ	ห	ท	ะ	เ	ย	◌ี	น	ส	◌์	ย	◌่	ถ	ท
ด	ด	ม	ญ	ญ	ง	ข	ห	ม	ย	ค	น	◌ุ	◌้
ค	ษ	ค	ว	ร	ช	ค	◌้	ก	แ	อ	ด	ง	า
ค	ช	ษ	ษ	ก	ม	ห	ว	อ	า	ไ	ะ	ม	ศ
เ	ส	◌ื	◌้	อ	ค	ล	◌ุ	ม	ม	ง	ญ	◌ี	ฝ
ร	อ	ง	เ	ท	◌้	า	แ	ต	ะ	◌ี	เ	อ	ล
เ	ส	◌ื	◌้	อ	โ	ค	◌้	ท	ส	ไ	อ	ก	ก
เ	ข	◌็	ม	ข	◌ั	ด	ท	ธ	ค	ณ	ว	ณ	ง
แ	จ	◌็	ค	เ	ก	◌็	ต	ฟ	ท	ษ	า	ด	จ
ผ	◌้	า	ก	◌ั	น	เ	ป	◌ื	◌้	อ	น	ไ	ง

เสื้อโค้ท
ผ้าพันคอ
ถุงเท้า
เสื้อ
แจ็คเก็ต
เข็มขัด
สร้อยคอ
ผ้ากันเปื้อน
กระโปรง
ถุงมือ

ยีนส์
แฟชั่น
กางเกง
ชุดนอน
สร้อยข้อมือ
รองเท้าแตะ
หมวก
เสื้อคลุม
ชุด

72 - Meditación

ค	ว	า	ม	ส	น	ใ	จ	ข	ค	ญ	ฝ	น	ศ
เ	อ	ด	ส	ฝ	ย	ฝ	ม	ฉ	ว	ต	ก	ป	ญ
ค	แ	ย	◌ั	า	ะ	ผ	ภ	◌ุ	า	ซ	า	น	ย
ว	ม	ะ	น	ก	ธ	ก	ไ	ป	ม	ย	ร	ย	ฟ
า	ญ	ญ	ต	ค	ร	า	ถ	จ	ค	ม	ย	ฟ	ผ
ม	ส	ข	◌ิ	ว	ร	ร	ไ	ภ	◌ิ	ไ	อ	ธ	อ
ก	ง	จ	ภ	า	ม	ส	ล	ย	ด	ด	ม	ง	า
ต	ค	ว	า	ม	ช	◌ั	ด	เ	จ	น	ร	ท	ร
◌ั	ภ	ช	พ	ส	า	ง	ส	ช	ก	ต	◌ั	ม	ม
ญ	ร	ฝ	ส	◌ุ	ต	เ	น	ภ	ผ	ร	บ	เ	ณ
ญ	ภ	ง	ง	ข	◌ิ	ก	ง	ร	ผ	◌ี	ฟ	ต	◌์
◌ู	ธ	ช	บ	ล	ง	ต	ท	◌่	า	ท	า	ง	พ
ก	า	ร	ห	า	ย	ใ	จ	◌ิ	ต	ม	ต	ค	ไ
พ	ก	า	ร	เ	ค	ล	◌ื	◌่	อ	น	ไ	ห	ว

การยอมรับ
ความสนใจ
สงบ
ความชัดเจน
อารมณ์
ความสุข
ความกตัญญู
จิต
ใจ
การเคลื่อนไหว
ดนตรี
ธรรมชาติ
การสังเกต
สันติภาพ
ความคิด
มุมมอง
ท่าทาง
การหายใจ

73 - Perros

ส	◌ั	ต	ว	◌์	เ	ล	◌ี	◌้	ย	ง	เ	ส	ก
น	ล	ญ	ย	ห	ท	ง	ส	ต	ซ	ญ	ป	ห	ณ
◌ุ	เ	ต	ห	ส	ไ	ล	อ	ร	จ	ย	◌็	า	ร
ก	ช	จ	ษ	ป	บ	ษ	ฟ	ด	ช	ญ	น	ย	ะ
ณ	◌ี	ก	ว	ค	ญ	ไ	ภ	◌ื	ท	แ	ม	ข	ล
ส	◌่	ส	ร	ม	ไ	ธ	ด	◌้	ฉ	ผ	◌ิ	น	ฟ
า	อ	◌ั	ฟ	ะ	ซ	◌ี	◌่	อ	ส	◌ั	ต	ย	◌์
ย	ฟ	ญ	ฉ	ท	ด	ล	ก	ษ	ล	ต	ร	า	ล
จ	◌ั	ช	ฉ	ห	ฝ	◌ู	ค	า	ท	เ	ด	ว	ล
◌ู	ง	า	ภ	ข	ท	ก	ก	ธ	ร	เ	ท	า	ร
ง	ณ	ต	ณ	ญ	ไ	ห	ญ	◌่	ซ	อ	ล	ด	ห
บ	ร	ญ	ล	ฉ	ท	ม	ณ	ห	ณ	ศ	บ	◌็	ป
ต	ว	า	แ	า	ห	า	เ	ส	ก	ฉ	ผ	ร	ก
ผ	เ	ณ	ท	เ	ญ	อ	◌่	อ	น	โ	ย	น	ม

เป็นมิตร
ลูกหมา
สหาย
สายจูง
สนุก
การอบรม
ใหญ่
กระดูก
สัญชาตญาณ
ซื่อสัตย์
สัตว์เลี้ยง
เชื่อฟัง
ขนยาว
เล็ก
อ่อนโยน
ดื้อ

74 - Comedia

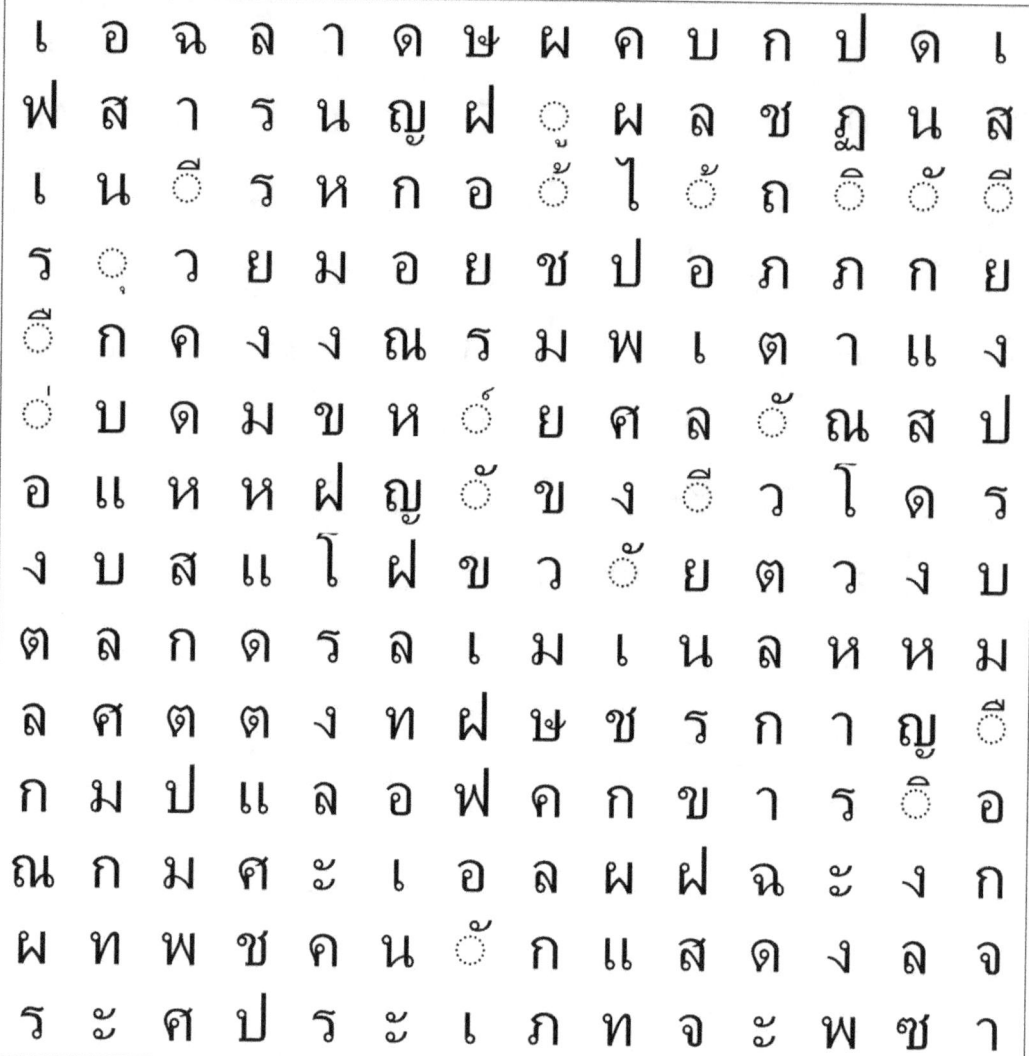

เ	อ	ฉ	ล	า	ด	ษ	ผ	ค	บ	ก	ป	ด	เ
ฟ	ส	า	ร	น	ญ	ฝ	◌ู	ผ	ล	ช	ฏ	น	ส
เ	น	◌ี	ร	ห	ก	อ	◌้	ไ	◌้	ถ	◌ิ	◌ั	◌ี
ร	◌ุ	ว	ย	ม	อ	ย	ช	ป	อ	ภ	ภ	ก	ย
◌ี	ก	ค	ง	ง	ณ	ร	ม	พ	เ	ต	า	แ	ง
◌่	บ	ด	ม	ข	ห	◌์	ย	ศ	ล	◌ั	ณ	ส	ป
อ	แ	ห	ห	ฝ	ญ	◌ั	ข	ง	◌ี	ว	โ	ด	ร
ง	บ	ส	แ	โ	ฝ	ข	ว	◌ั	ย	ต	ว	ง	บ
ต	ล	ก	ด	ร	ล	เ	ม	เ	น	ล	ห	ห	ม
ล	ศ	ต	ต	ง	ท	ฝ	ษ	ช	ร	ก	า	ญ	◌ี
ก	ม	ป	แ	ล	อ	ฟ	ค	ก	ข	า	ร	◌ิ	อ
ณ	ก	ม	ศ	ะ	เ	อ	ล	ผ	ฝ	ฉ	ะ	ง	ก
ผ	ท	พ	ช	ค	น	◌ั	ก	แ	ส	ด	ง	ล	จ
ร	ะ	ศ	ป	ร	ะ	เ	ภ	ท	จ	ะ	พ	ซ	า

นักแสดง
นักแสดงหญิง
เสียงปรบมือ
ผู้ชม
เรื่องตลก
สนุก
แสดงออก
ประเภท
ตลก
อารมณ์ขัน
ปฏิภาณโวหาร
ฉลาด
ล้อเลียน
ตัวตลก
เสียงหัวเราะ
โรงละคร

75 - Libros

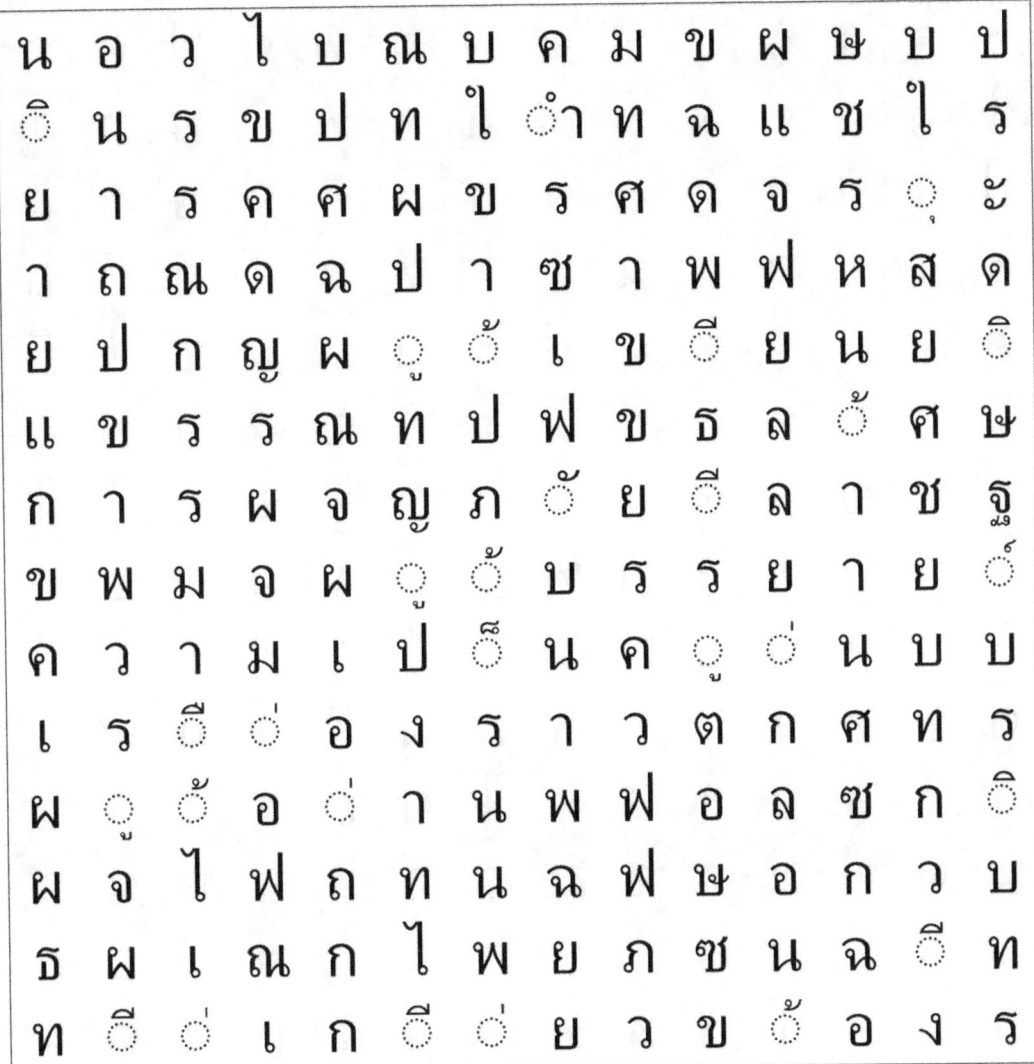

น	อ	ว	ไ	บ	ณ	บ	ค	ม	ข	ผ	ษ	บ	ป
◌ิ	น	ร	ข	ป	ท	ไ	◌ำ	ท	ฉ	แ	ช	ไ	ร
ย	า	ร	ค	ศ	ผ	ข	ร	ศ	ด	จ	ร	◌ุ	◌ะ
า	ถ	ณ	ด	ฉ	ป	า	ซ	า	พ	ฟ	ห	ส	ด
ย	ป	ก	ญ	ผ	◌ู	◌้	เ	ข	◌ี	ย	น	ย	◌ิ
แ	ข	ร	ร	ณ	ท	ป	ฟ	ข	ธ	ล	◌้	ศ	ษ
ก	า	ร	ผ	จ	ญ	ภ	◌ั	ย	◌ี	ล	า	ช	ฐ
ข	พ	ม	จ	ผ	◌ู	◌้	บ	ร	ร	ย	า	ย	◌์
ค	ว	า	ม	เ	ป	◌็	น	ค	◌ู	◌่	น	บ	บ
เ	ร	◌ื	◌่	อ	ง	ร	า	ว	ต	ก	ศ	ท	ร
ผ	◌ู	◌้	อ	◌่	า	น	พ	ฟ	อ	ล	ซ	ก	◌ิ
ผ	จ	ไ	ฟ	ถ	ท	น	ฉ	ฟ	ษ	อ	ก	ว	บ
ธ	ผ	เ	ณ	ก	ไ	พ	ย	ภ	ซ	น	ฉ	◌ี	ท
ท	◌ี	◌่	เ	ก	◌ี	◌่	ย	ว	ข	◌้	อ	ง	ร

ผู้เขียน
การผจญภัย
ชุด
บริบท
ความเป็นคู่
เขียน
เรื่องราว
ตลก
ประดิษฐ์
ผู้อ่าน
วรรณกรรม
ผู้บรรยาย
นิยาย
คำ
หน้า
ที่เกี่ยวข้อง
กลอน
บทกวี
อนาถ

76 - Nutrición

ร	อ	า	ญ	ป	ษ	ด	พ	ก	พ	ศ	ฝ	ค	ค
โ	ส	ง	ค	ค	◌ุ	ณ	ภ	า	พ	◌ิ	ษ	า	ญ
ป	า	ช	ว	แ	ค	ล	อ	ร	◌ี	◌่	ษ	ร	ส
ร	ร	ป	า	แ	น	◌ั	◌ำ	ห	น	◌ั	ก	◌์	ก
ต	อ	ฝ	ม	ต	ข	ป	ะ	ม	ภ	ถ	ซ	โ	◌ิ
◌ี	า	ล	ก	ศ	◌ิ	◌็	เ	◌ั	ซ	ฉ	อ	บ	น
น	ห	ซ	ร	ต	ง	า	ง	ก	◌ี	ข	ส	ไ	ไ
ว	า	ฉ	ะ	า	ฟ	ฟ	ญ	แ	เ	ม	◌ุ	ฮ	ด
◌ิ	ร	แ	ห	ธ	ข	ล	ถ	ไ	ร	ป	ข	เ	◌ั
ต	ป	อ	า	ห	า	ร	ผ	ผ	◌ี	ง	ภ	ด	ว
า	ว	ส	ย	ะ	แ	ท	ไ	ด	ย	ร	า	ร	ไ
ม	ศ	ฝ	ณ	จ	จ	ณ	อ	ว	ล	ล	พ	ต	ว
◌ิ	จ	ส	ม	ด	◌ุ	ล	ก	า	ร	ย	◌่	อ	ย
น	ฝ	ล	ไ	ฟ	ส	พ	ณ	ย	ณ	ท	ต	ด	ผ

ขม
ความกระหาย
คุณภาพ
แคลอรี่
คาร์โบไฮเดรต
ซีเรียล
กินได้
อาหาร
การย่อย
สมดุล
การหมัก
สารอาหาร
น้ำหนัก
โปรตีน
รสชาติ
ซอส
สุขภาพ
แข็งแรง
พิษ
วิตามิน

77 - Edificios

ม	ธ	ย	ส	ท	พ	เ	ช	โ	ผ	ซ	ไ	พ	โ
ห	◌้	า	ง	น	ภ	พ	ป	ร	า	ส	า	ท	ร
ห	อ	ภ	ท	ร	า	โ	ร	ง	ล	ะ	ค	ร	ง
บ	ว	ค	ไ	ฝ	ห	ม	ธ	เ	จ	ล	พ	ท	ง
อ	◌้	ถ	อ	ผ	อ	โ	ก	ร	แ	แ	ร	◌ี	า
พ	ญ	า	น	ย	ด	ร	ไ	◌ี	เ	ง	ห	◌่	น
า	ไ	ผ	น	ธ	◌ู	ง	ไ	ย	ฬ	ค	ม	พ	ส
ร	ร	ช	ฝ	ช	ด	พ	ฝ	น	ษ	า	ร	◌ั	ถ
◌์	ษ	ฝ	ศ	ห	า	ย	ฟ	า	ร	◌์	ม	ก	า
ท	ข	ผ	ภ	จ	ว	า	ย	ห	ฉ	ห	โ	แ	น
เ	โ	ร	ง	น	า	บ	โ	ร	ง	แ	ร	ม	ท
ม	บ	ภ	อ	า	แ	า	ศ	ท	ก	ม	ง	บ	◌ู
◌้	ร	ภ	ศ	ผ	ณ	ล	เ	ร	ช	ซ	ร	ห	ต
น	พ	◌ิ	พ	◌ิ	ธ	ภ	◌ั	ณ	ฑ	◌์	ถ	จ	อ

ที่พัก
อพาร์ทเม้น
ห้าง
บ้าน
ปราสาท
สถานทูต
โรงเรียน
สนามกีฬา
โรงงาน
โรงรถ
โรงนา
ฟาร์ม
โรงพยาบาล
โรงแรม
พิพิธภัณฑ์
หอดูดาว
โรงละคร
หอคอย

78 - Océano

ฟ	ผ	ผ	ล	ถ	ภ	ส	อ	ค	ล	ฝ	ภ	เ	ว
ห	อ	ไ	ว	ร	ศ	ห	ฉ	ฟ	ฉ	ผ	บ	ต	า
แ	ม	ง	ก	ะ	พ	ร	◌ุ	น	ช	ล	ด	◌่	ฬ
ศ	ต	จ	น	ร	ญ	พ	ผ	เ	ร	◌ี	อ	า	ห
เ	ส	ล	ฝ	◌ั	ห	ป	ะ	ก	า	ร	◌ั	ง	ฉ
ก	ศ	ช	ไ	เ	◌ำ	ล	ล	เ	ช	ศ	ด	ป	ล
ล	◌ุ	แ	น	ต	ณ	า	พ	า	า	ท	ด	ล	า
◌ื	ด	◌้	ก	ส	ธ	โ	ฉ	ธ	ป	◌ู	ฉ	า	ม
อ	ซ	จ	ง	ฝ	ร	ล	ท	ด	ณ	น	ก	ไ	ศ
พ	า	ย	◌ุ	แ	ษ	ม	ท	ไ	ร	◌่	า	ห	ด
ส	ฉ	ห	อ	ย	น	า	ง	ร	ม	า	ท	ล	ด
ป	ล	า	ห	ม	◌ึ	ก	ย	◌ั	ก	ษ	◌์	ไ	ม
น	◌้	◌ำ	ข	◌ึ	◌้	น	น	◌ั	◌ำ	ล	ง	ก	ม
ต	พ	ห	ส	า	ห	ร	◌่	า	ย	ร	◌ี	ฟ	จ

สาหร่าย
ปลาไหล
รีฟ
ทูน่า
วาฬ
เรือ
กุ้ง
ปู
ปะการัง
ปลาโลมา
ฟองน้ำ
น้ำขึ้นน้ำลง
แมงกะพรุน
หอยนางรม
ปลา
ปลาหมึกยักษ์
เกลือ
ฉลาม
พายุ
เต่า

79 - Ciudad

ห	ร	ใ	ณ	ก	ช	บ	โ	ม	ร	ร	ด	โ	พ
ธ	◌้	า	โ	ถ	พ	ผ	ร	ห	◌้	◌้	อ	ร	◌ิ
ย	า	อ	ร	ด	แ	ญ	ง	า	า	า	ก	ง	พ
ธ	น	ช	ง	ว	ฟ	ต	ล	ว	น	น	ไ	แ	◌ิ
น	ข	ท	เ	ส	ข	จ	ะ	◌ิ	อ	ห	ม	ร	ธ
แ	า	ไ	ร	ส	ม	ฉ	ค	ท	า	น	◌้	ม	ภ
ก	ย	บ	◌ี	ห	พ	◌ุ	ร	ย	ห	◌ั	ด	ส	◌ั
ล	ย	พ	ย	ญ	จ	พ	ด	า	า	ง	◌ี	น	ณ
เ	า	ธ	น	า	ค	า	ร	ล	ร	ส	ม	า	ฑ
ล	ต	ช	ค	ห	ง	ใ	ร	◌ั	ง	◌ี	พ	ม	◌์
อ	ค	ล	◌ิ	น	◌ิ	ก	◌้	ย	ป	อ	น	บ	อ
ร	ด	ด	า	ถ	ซ	ผ	า	ง	ม	ห	ซ	◌ิ	เ
◌ี	ฝ	ก	ฉ	ด	ส	อ	น	ไ	ซ	น	ณ	น	ธ
◌่	ฟ	ถ	ก	จ	ม	ส	น	า	ม	ก	◌ี	ฬ	า

สนามบิน
ธนาคาร
ห้องสมุด
คลินิก
โรงเรียน
สนามกีฬา
ร้านขายยา
ดอกไม้ดี
แกลเลอรี่
โรงแรม
ร้านหนังสือ
ตลาด
พิพิธภัณฑ์
ร้านอาหาร
โรงละคร
ร้าน
มหาวิทยาลัย

80 - Conservación

เ	ข	◌ี	ย	ว	ไ	ะ	ส	◌ุ	ข	ภ	า	พ	ฉ
ก	ป	ฉ	ส	ฉ	ช	ห	ย	ธ	ท	◌ู	ต	ถ	า
ย	า	◌็	ร	ก	ด	เ	น	ย	◌ี	ม	ล	ด	ษ
ษ	ฝ	ร	น	ย	ต	ย	ฟ	ถ	◌่	◌ิ	ฝ	ล	ย
จ	ผ	ถ	ศ	ธ	ด	ส	ค	ห	อ	อ	ศ	ษ	อ
ง	น	ย	ธ	◌ึ	ร	ถ	น	ฟ	ย	า	ส	ค	า
จ	◌ั	ก	◌ั	ด	ก	ร	ญ	ห	◌ู	ก	ซ	ด	ส
แ	◌ำ	ศ	ม	◌่	ท	ษ	ม	น	◌่	า	ท	ฉ	า
ม	ล	พ	◌ิ	ษ	ง	ม	า	ช	อ	ศ	ซ	พ	ส
ล	เ	ศ	ล	ฉ	ด	ย	ญ	ถ	า	ร	อ	บ	ม
ง	ไ	บ	ฟ	ไ	ต	ะ	◌ี	ง	ศ	ต	จ	ฟ	◌ั
อ	◌ิ	น	ท	ร	◌ี	ย	◌์	น	◌ั	ณ	◌ิ	ส	ค
ร	ะ	บ	บ	น	◌ิ	เ	ว	ศ	ย	ษ	ถ	พ	ร
ส	ร	◌ี	ไ	ซ	เ	ค	◌ิ	ล	พ	ฟ	ก	ง	ย

น้ำ
รอบ
ภูมิอากาศ
มลพิษ
ระบบนิเวศ
การศึกษา
ที่อยู่อาศัย
เป็นธรรมชาติ
อินทรีย์
แมลง
รีไซเคิล
ลด
สุขภาพ
ยั่งยืน
เขียว
อาสาสมัคร

81 - Exploración

ษ	ถ	ษ	ธ	ะ	ก	ไ	ซ	ฉ	ว	ป	ว	ร	ค
ะ	ค	ฝ	ฝ	จ	ช	า	ห	ธ	ร	แ	◌่	ข	ว
ณ	ด	ภ	◌ู	ม	◌ิ	ป	ร	ะ	เ	ท	ศ	า	า
เ	ร	◌ี	ย	น	ร	◌ู	◌้	ก	ธ	แ	บ	ท	ม
ว	◌ั	ฒ	น	ธ	ร	ร	ม	ญ	◌ำ	ณ	เ	ต	อ
ค	ส	ว	ล	อ	ไ	ภ	า	ษ	า	ห	ม	ค	◌่
ค	ว	า	ม	ก	ล	◌้	า	ห	า	ญ	น	ง	อ
ไ	ช	ต	บ	า	ไ	ไ	ก	ล	ไ	ข	ศ	ด	น
ก	◌ิ	จ	ก	ร	ร	ม	ส	ถ	อ	ห	เ	ใ	เ
ฉ	ส	ถ	ธ	ค	เ	◌่	◌ั	ภ	ว	ม	ม	ธ	พ
ด	ค	ะ	ธ	◌้	ไ	ท	ต	น	ก	ภ	ภ	◌่	ล
ด	ฟ	ห	ผ	น	ธ	ร	ว	ไ	า	ช	ไ	ใ	◌ี
ผ	ข	ห	ค	พ	ถ	า	◌์	อ	ศ	ฉ	ด	ศ	ย
ฝ	ห	ไ	ส	บ	า	บ	เ	ด	◌ิ	น	ท	า	ง

กิจกรรม
ความอ่อนเพลีย
สัตว์
เรียนรู้
ความกล้าหาญ
วัฒนธรรม
ไม่ทราบ
การค้นพบ

การกำหนด
ไกล
อวกาศ
ภาษา
ใหม่
ป่า
ภูมิประเทศ
เดินทาง

82 - Campeonato

ล	ถ	ธ	ห	า	ย	ไ	จ	เ	ก	ม	ะ	ศ	ฟ
◌ี	ป	ส	ไ	บ	ส	เ	ห	ก	ห	ช	ผ	ด	ค
ก	ล	ย	◌ุ	ท	ธ	◌์	น	า	ผ	ง	จ	ค	ว
แ	า	ด	ผ	ล	แ	ข	ค	ร	◌ู	ช	◌ื	แ	า
เ	ห	ร	◌ี	ย	ญ	ษ	ณ	แ	◌้	◌ั	ภ	◌่	ม
ก	ห	จ	แ	ช	ม	ป	◌์	ข	พ	ย	พ	ผ	อ
ช	ย	ฝ	ร	ส	ช	ญ	ว	◌่	◌ิ	ช	ย	ฉ	ด
◌ิ	า	พ	ง	ช	ด	ส	ป	ง	พ	น	ด	ะ	ท
ง	ฝ	ป	จ	ร	ท	ง	พ	ข	า	ะ	เ	ฝ	น
แ	ง	ไ	◌ู	า	ซ	ผ	ต	◌ั	ก	ท	ข	เ	ผ
ช	ว	ป	ง	น	แ	แ	อ	น	ษ	◌ี	ส	ค	ภ
ม	ว	ะ	ไ	ต	บ	น	จ	ห	า	ม	ฟ	ท	ห
ป	ย	ส	จ	ห	ข	ล	ต	ศ	ศ	ส	ถ	า	พ
◌์	ฟ	ง	อ	ร	โ	ค	◌้	ช	ณ	ฝ	ฝ	ไ	ไ

ชิงแชมป์
แชมป์
กีฬา
โค้ช
ทีม
กลยุทธ์
เกม
ผู้พิพากษา
ลีก
เหรียญ
แรงจูงใจ
การแสดง
ความอดทน
หายใจ
การแข่งขัน
เหงื่อ
ชัยชนะ

83 - Actividades y Ocio

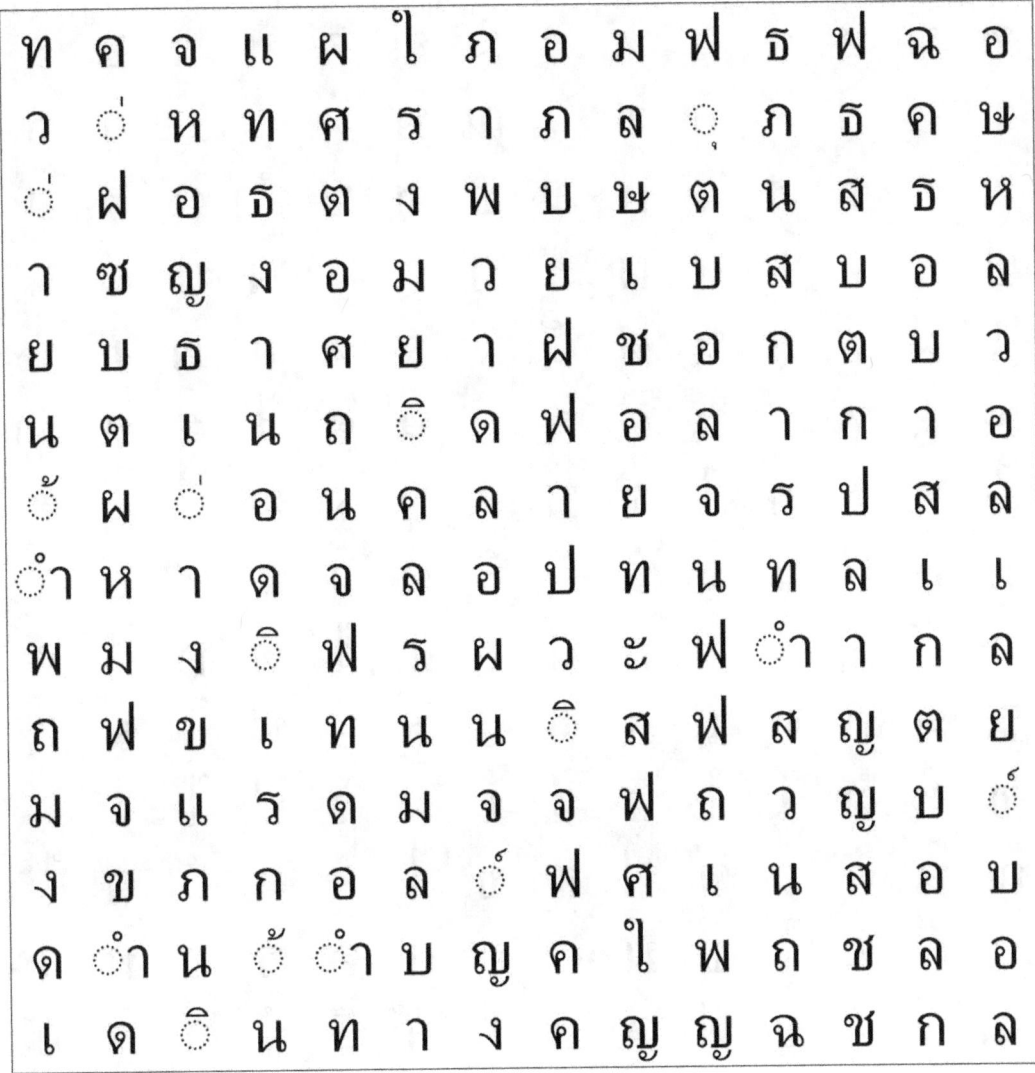

ท	ค	จ	แ	ผ	ใ	ภ	อ	ม	ฟ	ธ	ฟ	ฉ	อ
ว	่	ห	ท	ศ	ร	า	ภ	ล	ุ	ภ	ธ	ค	ษ
่	ฝ	อ	ธ	ต	ง	พ	บ	ษ	ต	น	ส	ธ	ห
า	ซ	ญ	ง	อ	ม	ว	ย	เ	บ	ส	บ	อ	ล
ย	บ	ธ	า	ศ	ย	า	ฝ	ช	อ	ก	ต	บ	ว
น	ต	เ	น	ถ	ิ	ด	ฟ	อ	ล	า	ก	า	อ
้	ผ	่	อ	น	ค	ล	า	ย	จ	ร	ป	ส	ล
ำ	ห	า	ด	จ	ล	อ	ป	ท	น	ท	ล	เ	เ
พ	ม	ง	ิ	ฟ	ร	ผ	ว	ะ	ฟ	ำ	า	ก	ล
ถ	ฟ	ข	เ	ท	น	น	ิ	ส	ฟ	ส	ญ	ต	ย
ม	จ	แ	ร	ด	ม	จ	จ	ฟ	ถ	ว	ญ	บ	์
ง	ข	ภ	ก	อ	ล	์	ฟ	ศ	เ	น	ส	อ	บ
ด	ำ	น	้	ำ	บ	ญ	ค	ใ	พ	ถ	ช	ล	อ
เ	ด	ิ	น	ท	า	ง	ค	ญ	ญ	ฉ	ช	ก	ล

งานอดิเรก   ว่ายน้ำ
ศิลปะ   ตกปลา
บาสเกตบอล   ภาพวาด
เบสบอล   ผ่อนคลาย
มวย   ท่อง
ดำน้ำ   เทนนิส
ฟุตบอล   เดินทาง
กอล์ฟ   วอลเลย์บอล
การทำสวน

84 - Comida #1

ท	ม	ห	◌ั	ว	ห	อ	ม	ณ	ศ	น	ล	บ	ล
ซ	◌ุ	ป	◌ั	อ	ช	ว	ณ	ษ	ผ	◌้	◌ู	า	ธ
พ	ธ	ซ	ร	ว	ผ	ณ	ช	ศ	ข	◌ำ	ก	ร	ย
ป	ล	ต	เ	แ	ผ	ะ	บ	ค	ง	ผ	แ	◌์	น
โ	ฝ	ธ	แ	น	ด	◌ั	เ	ล	พ	ล	พ	เ	◌้
ษ	ห	ท	◌ู	น	◌่	า	ก	น	ศ	ไ	ร	ล	◌ำ
ไ	ด	ร	ษ	ไ	จ	ม	ล	ก	ล	ม	◌์	◌่	ต
ผ	ถ	ป	ะ	ร	ถ	◌ิ	◌ี	ด	า	◌้	ซ	ย	า
ส	◌ั	ญ	ไ	พ	ก	น	อ	ณ	ไ	ด	ห	◌์	ล
น	ม	ก	ค	เ	า	ต	บ	ร	ษ	ฟ	ไ	ล	ก
ข	ะ	ผ	โ	ไ	แ	◌์	เ	ผ	จ	ป	ไ	ธ	ด
ญ	น	ต	ข	ข	ฟ	ศ	ช	ไ	ส	ล	◌ั	ด	ไ
ภ	า	พ	ไ	ข	ม	ร	ย	แ	ค	ร	อ	ท	ว
ง	ว	ต	ษ	ฟ	ด	ย	เ	น	◌ี	◌้	อ	ร	อ

โหระพา
ทูน่า
น้ำตาล
กาแฟ
อบเชย
เนื้อ
บาร์เล่ย์
หัวหอม
สลัด
ผักโขม
น้ำผลไม้
นม
มะนาว
มินต์
หัวผักกาด
ลูกแพร์
เกลือ
ซุป
แครอท

85 - Literatura

ว	ร	น	ผ	อ	ฝ	อ	ล	บ	ไ	ธ	◌ี	ม	ศ
ท	◌ู	◌ิ	◌ู	เ	ร	◌ื	◌่	อ	ง	เ	ล	◌่	า
ฉ	ป	ย	◌ั	ภ	ย	ณ	ว	บ	ไ	า	ส	จ	ต
ส	แ	า	เ	ป	ร	ะ	เ	ภ	ท	แ	ก	ค	ไ
ง	บ	ย	ข	ก	ล	อ	น	จ	ษ	ส	แ	◌ำ	ช
ล	บ	ท	◌ี	เ	ผ	ธ	แ	ต	ญ	ฟ	ร	อ	◌ี
ณ	◌ั	ฝ	ย	ค	ว	า	ม	เ	ห	◌็	น	◌ุ	ว
บ	ษ	ก	น	แ	ร	จ	◌ั	ง	ห	ว	ะ	ป	ป
ท	ส	ศ	ษ	บ	ท	พ	◌ู	ด	อ	ท	ษ	ม	ร
ก	น	◌ั	ม	ณ	ผ	ย	ภ	ษ	ร	ห	ร	า	ะ
ว	ญ	ข	ม	อ	ะ	น	า	ล	◌็	อ	ก	ว	ว
◌ี	ะ	แ	น	ผ	◌ู	◌้	บ	ร	ร	ย	า	ย	◌ั
ย	ย	ม	ป	บ	◌ั	ญ	ว	ป	จ	ด	ญ	ณ	ต
บ	ญ	ล	ร	ะ	ไ	ส	ะ	ญ	ณ	จ	ว	ช	◌ิ

อะนาล็อก
ผู้เขียน
ชีวประวัติ
บทสรุป
ลักษณะ
บทพูด
รูปแบบ
ประเภท
คำอุปมา
ผู้บรรยาย
เรื่องเล่า
นิยาย
ความเห็น
กลอน
บทกวี
สัมผัส
จังหวะ
ธีม

86 - Clima

น	ท	พ	า	ย	ุ	เ	ฮ	อ	ร	ิ	เ	ค	น
้	้	ฟ	ม	อ	า	ล	ม	ภ	ช	ง	ณ	เ	ษ
ำ	อ	้	ร	เ	ข	ต	ร	้	อ	น	ล	ว	ศ
ท	ง	า	ส	แ	ห	้	ง	ข	ญ	ภ	ม	บ	ผ
่	ฟ	ผ	ุ	ห	ก	น	ฟ	้	า	ร	้	อ	ง
ว	้	่	ม	ค	ฝ	ข	้	พ	ห	ก	ผ	ร	ซ
ม	า	า	ฟ	บ	ร	ี	ซ	ำ	า	ม	ญ	บ	ห
ญ	ช	ณ	ไ	ร	ะ	ญ	ค	ษ	แ	ย	อ	ส	ต
ศ	ผ	น	ม	ร	ข	ต	ฟ	ฉ	ด	ข	ุ	ก	ค
ฟ	า	ย	ม	ย	โ	พ	ล	า	ร	์	็	ง	ล
ณ	ช	ส	ภ	า	พ	อ	า	ก	า	ศ	ม	ง	า
แ	ล	้	ง	ก	อ	ุ	ณ	ห	ภ	ู	ม	ิ	ว
ณ	ะ	ณ	ค	า	น	ก	ต	ย	ถ	ย	อ	ไ	ด
ง	ย	ห	ว	ศ	ถ	ษ	ภ	เ	ล	ม	ญ	ป	์

บรรยากาศ
บรีซ
ท้องฟ้า
สภาพอากาศ
น้ำแข็ง
พายุเฮอริเคน
น้ำท่วม
มรสุม
หมอก
คลาวด์

โพลาร์
ฟ้าผ่า
แห้ง
แล้ง
อุณหภูมิ
พายุ
เขตร้อน
ฟ้าร้อง
ลม

87 - Comida #2

ด	ม	ะ	เ	ข	◌ี	อ	ผ	ข	◌้	า	ว	ร	ภ
อ	อ	ง	◌ุ	◌่	น	ท	ถ	น	แ	ย	ฝ	ข	น
ก	◌ั	ศ	พ	ม	น	ถ	ณ	ม	ค	ต	ญ	◌ื	ง
ท	ล	ข	พ	ส	ะ	แ	อ	ป	เ	ป	◌ิ	◌้	ล
า	ม	◌้	ณ	ผ	ศ	เ	ไ	◌ั	ส	ธ	ก	น	โ
น	อ	า	ว	น	า	ช	ข	ง	ช	ก	◌ี	ฉ	ย
ต	น	ว	ว	ย	ย	อ	◌่	◌ี	◌็	ไ	ว	◌่	เ
ะ	ด	ส	ไ	ก	◌่	ร	ป	ล	อ	ณ	◌ี	า	ก
ว	◌์	า	ข	บ	น	◌์	ม	ง	ค	เ	◌่	ย	◌ิ
◌ั	ะ	ล	ผ	◌ิ	ณ	ร	ก	ก	โ	เ	ท	จ	ร
น	ณ	◌ี	บ	ห	ง	◌ี	ง	ถ	ก	ภ	า	ศ	◌์
ไ	ไ	ภ	ธ	ด	ป	◌่	ส	า	แ	ไ	ย	ฟ	ต
อ	า	ต	◌ิ	โ	ช	◌๊	ค	ผ	ล	ไ	ส	ญ	พ
ง	ช	ฝ	ผ	ช	◌ี	ส	ศ	ณ	ต	ไ	ญ	ผ	ง

อาติโช๊ค
อัลมอนด์
ขึ้นฉ่าย
ข้าว
มะเขือ
เชอร์รี่
ช็อคโกแลต
ดอกทานตะวัน
ไข่
ขิง
กีวี่
แอปเปิ้ล
ขนมปัง
กล้วย
ไก่
ชีส
มะเขือเทศ
ข้าวสาลี
องุ่น
โยเกิร์ต

88 - Castillos

อ	ช	ไ	ช	ท	อ	ภ	พ	ร	ญ	ท	ท	ไ	ร
า	◌ั	◌ั	า	ษ	ฉ	ศ	ว	ต	ภ	ษ	ล	เ	ช
ณ	ม	ศ	◌้	บ	ถ	ส	น	ก	พ	ะ	ง	จ	ม
า	◌ั	เ	ว	น	โ	ล	◌่	ห	ค	ด	ม	◌้	า
จ	ง	ก	จ	◌ิ	ส	ร	เ	จ	◌้	า	ช	า	ย
◌ั	ก	ร	ศ	ป	น	◌ู	า	ห	ฝ	บ	ไ	ห	จ
ก	ร	า	ข	ว	ซ	ภ	ง	ช	◌ิ	ห	ร	ญ	◌ั
ร	ผ	ะ	พ	ร	ะ	ร	า	ช	ว	◌ั	ง	◌ิ	ก
ห	น	◌ั	ง	ส	ต	◌ิ	◌๊	ก	ด	ง	ต	ง	ร
ว	◌ั	ป	◌้	อ	ม	ง	ข	า	◌ั	ฝ	ศ	ผ	ว
ม	ง	ก	◌ุ	ฎ	ส	ว	ช	ป	ล	ผ	ม	◌์	ร
ไ	ย	◌ู	น	◌ิ	ค	อ	ร	◌์	น	ไ	อ	พ	ร
ต	ค	ซ	ล	ญ	ห	อ	ค	อ	ย	ณ	เ	อ	ด
บ	ท	พ	ญ	ค	ข	บ	ฉ	พ	ป	ธ	ม	ส	◌ิ

เกราะ
อัศวิน
ม้า
หนังสติ๊ก
มงกุฎ
ราชวงศ์
มังกร
โล่
ดาบ
ฟิวดัล
ป้อม
จักรวรรดิ
ชั้นสูง
พระราชวัง
ผนัง
เจ้าหญิง
เจ้าชาย
อาณาจักร
หอคอย
ยูนิคอร์น

89 - Arte

ก	า	ร	แ	ส	ด	ง	อ	อ	ก	ไ	เ	ป	ซ
ส	◌ั	ญ	ล	◌ั	ก	ษ	ณ	◌์	แ	ส	ร	ร	◌ี
ณ	จ	ญ	ศ	ช	ะ	า	ถ	ษ	ข	ถ	◌ี	ะ	◌่
ภ	ว	ย	ญ	ภ	ร	ณ	แ	ม	า	◌ิ	◌่	ต	อ
อ	า	ร	ม	ณ	◌์	ฝ	ส	ซ	ณ	ต	อ	◌ิ	ส
น	ด	พ	อ	ข	ล	น	◌่	ร	ต	ย	ง	ม	◌ั
ห	ภ	ถ	ว	น	ง	เ	ว	ร	◌้	ศ	อ	า	ต
ภ	า	พ	ะ	า	ช	ฝ	น	ค	น	า	ร	ก	ย
พ	พ	ผ	เ	ก	ด	ต	ป	ง	ฉ	ส	ง	ร	◌์
ส	◌่	ว	น	ต	◌ั	ว	ร	◌่	บ	ต	ช	ร	ง
เ	ซ	ร	า	ม	◌ิ	ค	ะ	า	◌ั	ร	ถ	ม	ก
บ	ห	ผ	ว	ะ	พ	ย	ก	ย	บ	◌์	ง	ภ	ผ
ซ	◌ั	บ	ซ	◌้	อ	น	อ	ศ	ก	ไ	ฟ	ผ	น
ถ	ฝ	ข	ไ	ช	ซ	ย	บ	ท	ก	ว	◌ี	ธ	ก

เซรามิค
ซับซ้อน
ส่วนประกอบ
สร้าง
ประติมากรรม
การแสดงออก
ซื่อสัตย์
อารมณ์
ต้นฉบับ
ส่วนตัว
ภาพวาด
บทกวี
วาดภาพ
ง่าย
สัญลักษณ์
สถิตยศาสตร์
เรื่อง
ภาพ

90 - Herboristería

ม	ท	า	ร	◌์	ร	า	ก	อ	น	ผ	อ	ล	ช
า	เ	ส	ก	โ	ป	ผ	◌ั	ก	ช	◌ี	ล	า	ว
ร	ม	◌่	ร	ร	ม	ล	ณ	ไ	ภ	ก	ส	ณ	ธ
◌์	◌็	ว	ะ	ส	◌ิ	า	◌ู	ค	◌ุ	ณ	ภ	า	พ
โ	ด	น	เ	แ	น	เ	โ	ก	ส	ว	น	ฟ	เ
จ	ย	ผ	ท	ม	ต	ว	ร	ห	ะ	อ	ธ	ท	ข
แ	◌ี	ส	◌ี	ร	◌์	น	ะ	ส	ร	ศ	ล	เ	◌ี
ร	◌่	ม	ย	◌ี	ย	เ	ว	ว	ช	ะ	ม	พ	ย
ม	ห	จ	ม	◌่	ห	ด	น	ฝ	ง	า	พ	ง	ว
ข	ร	ร	ป	เ	ด	อ	ก	ไ	ม	◌้	ต	า	ก
ส	◌่	ไ	ข	แ	ช	ร	ต	ร	ฝ	น	ข	◌ิ	ก
ป	า	ช	ห	อ	ม	◌์	ะ	ซ	บ	ย	ไ	ผ	ง
ไ	น	ป	ฉ	ผ	◌ั	ก	ช	◌ี	ฝ	ร	◌ั	◌่	ง
ก	า	ร	ท	◌ำ	อ	า	ห	า	ร	ญ	อ	ด	า

กระเทียม
โหระพา
หอม
คุณภาพ
การทำอาหาร
ผักชีลาว
ทาร์รากอน
ดอกไม้
เม็ดยี่หร่า
ส่วนผสม
สวน
ลาเวนเดอร์
มาร์โจแรม
มินต์
ผักชีฝรั่ง
ปลูก
โรสแมรี่
รสชาติ
เขียว

91 - Verano

เ	ช	ว	จ	อ	ย	ผ	บ	ถ	แ	ฝ	ย	บ	ม
พ	า	เ	ต	ธ	บ	ญ	◌่	◌้	ด	เ	น	บ	ค
◌ี	ย	ค	พ	ล	ซ	ฉ	ค	อ	า	ผ	น	ฟ	ฉ
◌่	ห	ม	ฟ	จ	ล	ด	ว	ผ	น	น	อ	ป	ด
อ	า	ห	า	ร	บ	ค	ร	อ	บ	ค	ร	◌ั	ว
น	ด	เ	ก	ม	า	เ	อ	ป	ข	ท	ล	ค	ส
ด	เ	ว	ล	า	ว	◌่	า	ง	ด	ะ	ห	า	ศ
◌ำ	า	ธ	บ	ต	◌ั	ไ	ส	ญ	น	เ	น	เ	ย
น	ร	ว	ฝ	า	น	เ	ว	ภ	ต	ล	◌ั	ด	ต
◌้	ต	จ	ฟ	ช	ห	ก	น	ต	ร	ศ	ง	◌ิ	ย
◌ำ	จ	ศ	ธ	ไ	ย	แ	จ	ศ	◌ี	ไ	ส	น	ท
ก	ร	ล	ก	ซ	◌ุ	ญ	ฟ	ป	พ	า	◌ี	ท	แ
น	ล	ซ	ส	บ	ด	ษ	า	ผ	ส	ล	อ	า	อ
ร	อ	ง	เ	ท	◌้	า	แ	ต	ะ	ษ	ค	ง	ข

จอย
เพื่อน
ดำน้ำ
อาหาร
ดาว
ครอบครัว
บ้าน
สวน
เกม

หนังสือ
ทะเล
ดนตรี
เวลาว่าง
ชายหาด
ผ่อนคลาย
รองเท้าแตะ
วันหยุด
เดินทาง

92 - Insectos

ล	ป	ล	ว	ก	ผ	ด	ญ	ญ	ไ	ฟ	ไ	เ	า
ฟ	า	ฟ	ธ	ต	◌ั	ว	อ	◌่	อ	น	แ	ต	น
ข	ท	ค	ง	◌่	เ	ห	◌็	บ	ง	ผ	ม	ก	ว
ไ	◌ั	ม	ะ	อ	ห	อ	ป	ก	น	เ	ล	อ	ณ
ไ	ง	ซ	น	ณ	ถ	ต	ท	ด	◌้	ว	ง	บ	ด
ป	ก	ผ	◌ื	◌้	ง	◌ั	ค	ส	ป	ไ	ป	ง	ซ
ม	า	ฟ	จ	ก	ฝ	◌๊	ฉ	ไ	ด	ท	อ	า	ร
ษ	ด	จ	◌ั	เ	ง	ก	ผ	◌ี	เ	ส	◌ี	◌้	อ
ย	◌ุ	ง	ก	พ	ธ	แ	เ	ต	◌่	า	ท	อ	ง
น	ณ	บ	จ	ล	ถ	ต	ต	ษ	ช	ว	ภ	น	ต
ไ	ว	จ	◌ั	◌ี	ห	น	อ	น	ห	ผ	ส	จ	ถ
ไ	อ	ธ	◌่	◌้	ญ	ไ	ค	ก	แ	น	ส	ย	ะ
พ	ะ	ส	น	ย	ซ	ณ	น	ข	ธ	ต	ถ	ล	ภ
พ	ญ	ฉ	แ	ม	ล	ง	ส	า	บ	ฟ	น	า	ช

ผึ้ง
ต่อ
แตน
เพลี้ย
จักจั่น
แมลงสาบ
ด้วง
หนอน
มด
ปาทังกา
ตัวอ่อน
แมลงปอ
กงแตนแตน
ผีเสื้อ
เต่าทอง
ยุง
มอด
เห็บ
ตั๊กแตน
ปลวก

93 - Especias

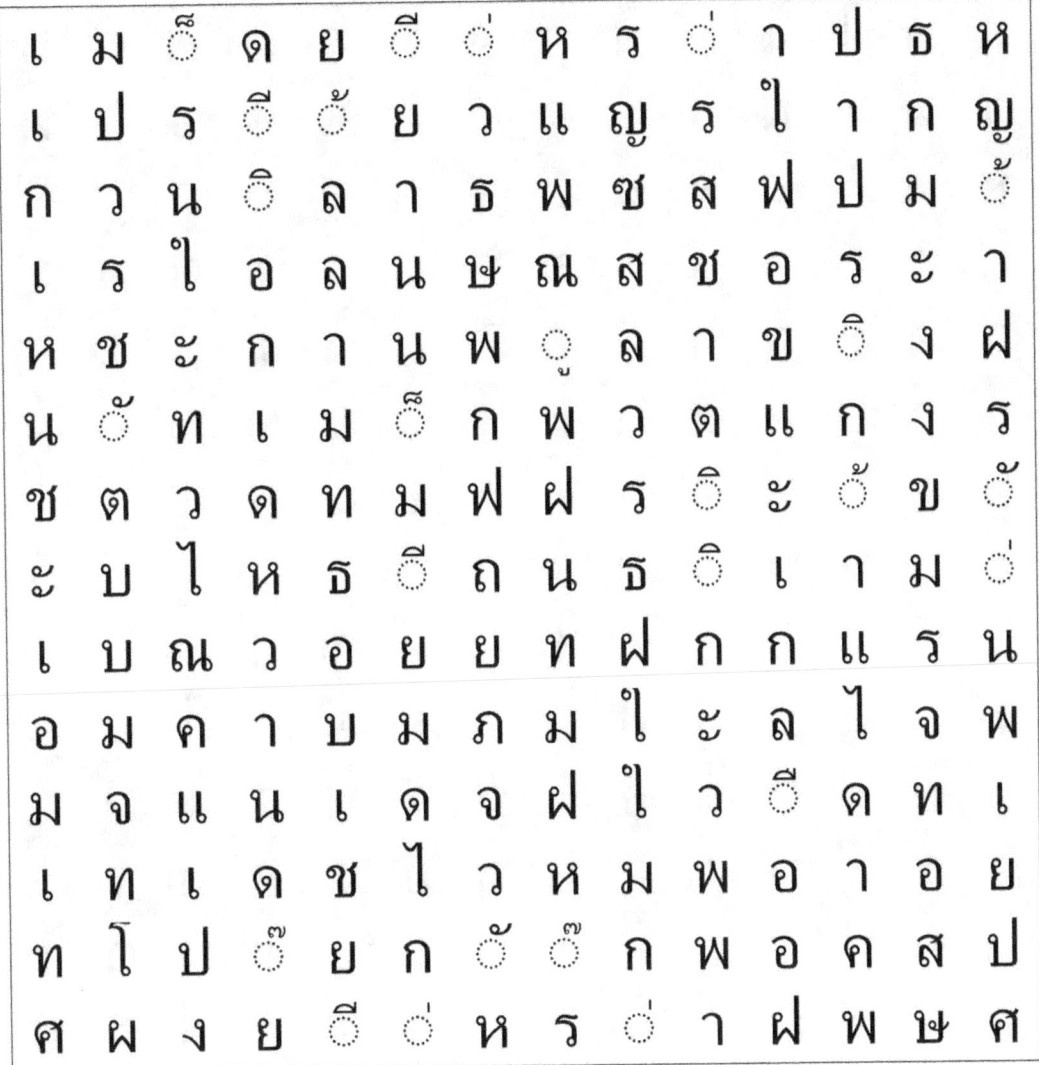

เ	ม	◌็	ด	ย	◌ี	◌่	ห	ร	◌่	า	ป	ธ	ห
เ	ป	ร	◌ี	◌้	ย	ว	แ	ญ	ร	ไ	า	ก	ญ
ก	ว	น	◌ิ	ล	า	ธ	พ	ซ	ส	ฟ	ป	ม	◌้
เ	ร	ไ	อ	ล	น	ษ	ณ	ส	ช	อ	ร	ะ	า
ห	ช	ะ	ก	า	น	พ	◌ู	ล	า	ข	◌ิ	ง	ฝ
น	◌ั	ท	เ	ม	◌็	ก	พ	ว	ต	แ	ก	ง	ร
ช	ต	ว	ด	ท	ม	ฟ	ฝ	ร	◌ิ	ะ	◌้	ข	◌ั
ะ	บ	ไ	ห	ธ	◌ี	ถ	น	ธ	◌ิ	เ	า	ม	◌่
เ	บ	ณ	ว	อ	ย	ย	ท	ฝ	ก	ก	แ	ร	น
อ	ม	ค	า	บ	ม	ภ	ม	ไ	ะ	ล	ไ	จ	พ
ม	จ	แ	น	เ	ด	จ	ฝ	ไ	ว	◌ี	ด	ท	เ
เ	ท	เ	ด	ช	ไ	ว	ห	ม	พ	อ	า	อ	ย
ท	โ	ป	◌๊	ย	ก	◌ั	◌๊	ก	พ	อ	ค	ส	ป
ศ	ผ	ง	ย	◌ี	◌่	ห	ร	◌่	า	ฝ	พ	ษ	ศ

เปรี้ยว
กระเทียม
ขม
โป๊ยกั๊ก
หญ้าฝรั่น
อบเชย
หัวหอม
กานพูล
ผงยี่หร่า
แกง
หวาน
เม็ดยี่หร่า
ขิง
นัทเม็ก
ปาปริก้า
พริกไทย
ชะเอมเทศ
รสชาติ
เกลือ
วนิลา

94 - Emociones

แ	ภ	ไ	ไ	เ	ส	า	ง	ต	จ	ม	พ	ค	บ
า	ผ	เ	ผ	ร	◌ั	ก	ร	พ	อ	ไ	จ	ว	พ
ส	ห	◌่	ถ	ล	น	ศ	ศ	ผ	ย	ม	ก	า	ค
ก	ล	◌ั	ว	ธ	ต	ต	ถ	แ	ส	ข	ต	ม	ว
า	ถ	ด	ว	ๆ	◌ิ	ฉ	◌ื	ผ	ง	ธ	◌ั	เ	า
ร	ฉ	ป	ก	ฉ	ภ	บ	ไ	◌่	บ	ซ	ญ	ศ	ม
บ	เ	ธ	ฟ	ต	า	ค	ร	อ	น	ท	ญ	ร	โ
ร	บ	น	น	ต	พ	ล	ว	น	อ	เ	◌ู	◌้	ก
ร	◌ื	ว	◌ื	ห	ต	ไ	เ	ค	ญ	ท	ต	า	ร
เ	◌่	ฉ	ภ	◌้	ป	ด	ช	ล	ศ	ค	ไ	◌้	ธ
ท	อ	า	อ	ไ	อ	ค	ว	า	ม	ส	ง	บ	น
า	ร	ะ	ษ	ศ	อ	ห	ล	ย	ถ	ห	ถ	จ	ไ
น	ด	ป	ม	อ	ก	ญ	า	ถ	อ	ณ	ม	ต	ไ
ค	ว	า	ม	เ	ม	ต	ต	า	ณ	ร	ฝ	ธ	ก

เบื่อ
กตัญญู
จอย
การบรรเทา
รัก
ความเมตตา
สงบ
เนื้อหา
ตื่นเต้น
ความโกรธ
กลัว
สันติภาพ
ผ่อนคลาย
พอใจ
แผ่วๆ
ความสงบ
ความเศร้า

95 - Mediciones

ะ	ธ	ก	ค	ซ	น	◌้	◌ำ	ห	น	◌ั	ก	เ	ไ
ท	ก	ฝ	ว	ฝ	บ	◌ิ	พ	จ	ซ	ม	◌ิ	ม	บ
ต	ส	น	า	แ	ช	ถ	◌้	ผ	ต	ฟ	โ	ต	ต
ต	◌ั	น	ม	ว	ล	น	ซ	ว	ว	น	ล	ร	◌์
ย	ย	า	ส	ค	ว	า	ม	ย	า	ว	ก	อ	ว
แ	ว	ท	◌ู	น	ค	ค	ผ	ษ	ข	ข	ร	อ	ง
ว	ป	◌ี	ง	ญ	ห	ว	ว	ศ	ไ	ช	◌ั	น	ภ
ถ	ษ	ไ	ก	ผ	แ	เ	า	า	ล	ณ	ม	ซ	พ
ก	◌ิ	โ	ล	เ	ม	ต	ร	ม	ม	ห	ผ	◌์	ะ
เ	ซ	น	ต	◌ิ	เ	ม	ต	ร	ก	ล	◌ิ	ต	ร
ษ	ค	ศ	ผ	ช	อ	ย	ค	บ	ร	ว	◌ื	ไ	ฝ
ญ	ห	แ	ย	ด	ง	ด	บ	ก	◌ั	ห	◌้	ก	ส
ย	ญ	ไ	ร	ท	ศ	น	◌ิ	ย	ม	ย	ะ	า	ธ
น	ญ	ษ	แ	ถ	า	ช	ศ	ษ	จ	ว	ซ	ถ	ง

ความสูง
ความกว้าง
ไบต์
เซนติเมตร
ทศนิยม
องศา
กรัม
กิโลกรัม
กิโลเมตร
ลิตร
ความยาว
มวล
เมตร
นาที
ออนซ์
น้ำหนัก
ความลึก
นิ้ว
ตัน

96 - Barcos

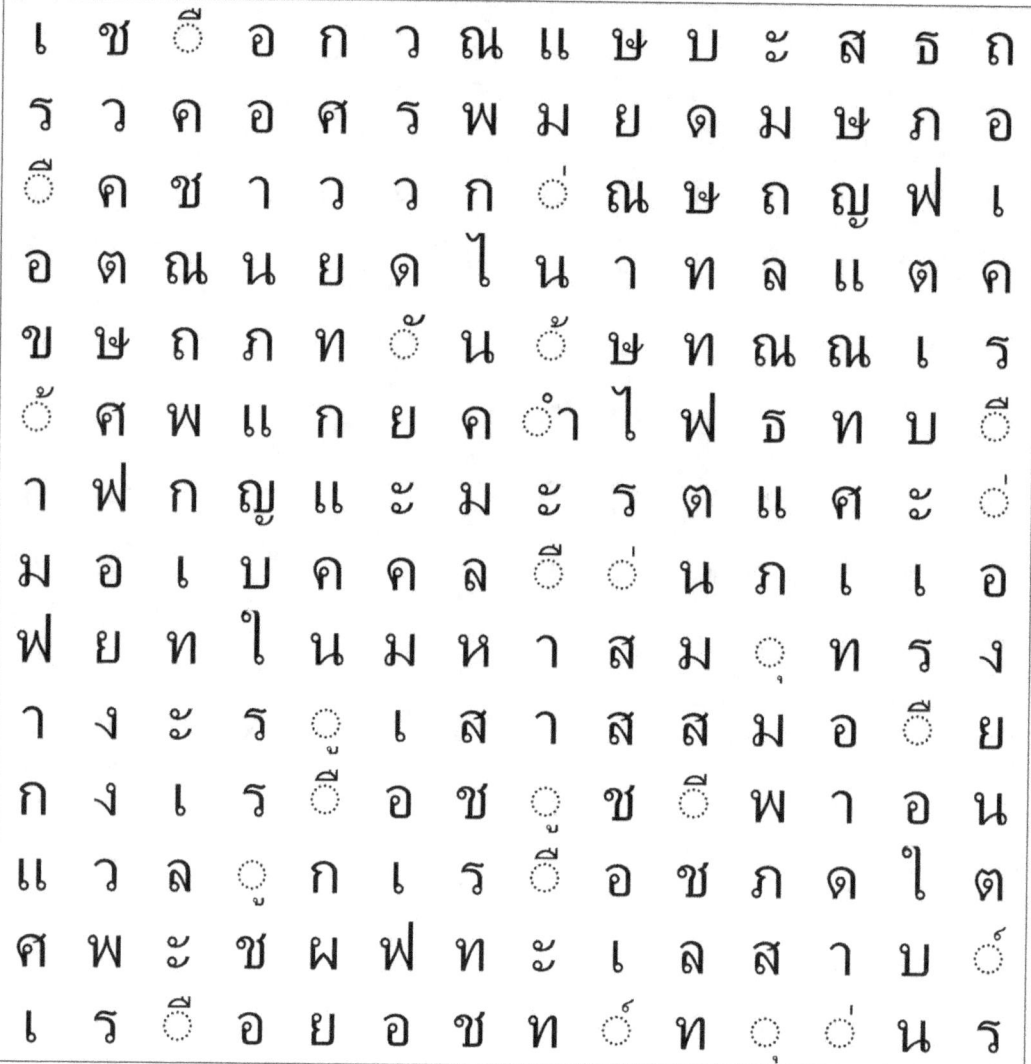

เ	ช	◌ื	อ	ก	ว	ณ	แ	ษ	บ	ะ	ส	ธ	ถ
ร	ว	ค	อ	ศ	ร	พ	ม	ย	ด	ม	ษ	ภ	อ
◌ื	ค	ช	า	ว	ว	ก	◌่	ณ	ษ	ถ	ญ	ฟ	เ
อ	ต	ณ	น	ย	ด	ไ	น	า	ท	ล	แ	ต	ค
ข	ษ	ถ	ภ	ท	◌ั	น	◌้	ษ	ท	ณ	ณ	เ	ร
◌้	ศ	พ	แ	ก	ย	ค	◌ำ	ไ	ฟ	ธ	ท	บ	◌ื
า	ฟ	ก	ญ	แ	ะ	ม	ะ	ร	ต	แ	ศ	ะ	◌่
ม	อ	เ	บ	ค	ค	ล	◌ื	◌่	น	ภ	เ	เ	อ
ฟ	ย	ท	ไ	น	ม	ห	า	ส	ม	◌ุ	ท	ร	ง
า	ง	ะ	ร	◌ู	เ	ส	า	ส	ส	ม	อ	◌ี	ย
ก	ง	เ	ร	◌ื	อ	ช	◌ู	ช	◌ี	พ	า	อ	น
แ	ว	ล	◌ู	ก	เ	ร	◌ื	อ	ช	ภ	ด	ใ	ต
ศ	พ	ะ	ช	ผ	ฟ	ท	ะ	เ	ล	ส	า	บ	◌์
เ	ร	◌ื	อ	ย	อ	ช	ท	◌์	ท	◌ุ	◌่	น	ร

สมอ
แพ
เรือชูชีพ
ทุ่น
แคนู
เชือก
เรือข้ามฟาก
คายัค
ทะเลสาบ
ทะเล
กะลาสี
เสา
เครื่องยนต์
มหาสมุทร
คลื่น
แม่น้ำ
ลูกเรือ
เรือใบ
เรือยอชท์

97 - Antártida

ห	ม	◌ู	◌่	เ	ก	า	ะ	อ	◌่	า	ว	ญ	ค
น	ง	ก	ก	า	ร	โ	ย	ก	ย	◌้	า	ย	ค
ษ	ด	ผ	ท	ล	ซ	เ	ม	ฆ	ฟ	ก	น	ธ	า
ภ	◌ู	ม	◌ิ	ศ	า	ส	ต	ร	◌์	า	◌้	ก	บ
ช	ก	น	ญ	น	ท	เ	ต	ศ	ณ	ร	◌ำ	า	ส
พ	ข	◌้	◌ั	ก	ว	ศ	ซ	อ	น	อ	แ	ร	ม
ธ	ร	◌ำ	น	ก	แ	ว	ภ	◌ี	บ	น	ข	เ	◌ุ
ะ	◌ุ	ฝ	ศ	ภ	ว	ไ	น	ศ	ย	◌ุ	◌็	ด	ท
ฝ	ข	ด	ย	ก	ม	◌ิ	ท	อ	อ	ร	ง	◌ิ	ร
แ	ร	◌่	ธ	า	ต	◌ุ	จ	ด	า	◌ั	◌์	น	ศ
ธ	ะ	ช	บ	ธ	ล	า	แ	◌ั	ว	ก	ท	ท	ะ
อ	◌ุ	ณ	ห	ภ	◌ู	ม	◌ิ	ธ	ย	ษ	ว	า	เ
ว	◌ิ	ท	ย	า	ศ	า	ส	ต	ร	◌์	◌ี	ง	บ
ภ	ป	ร	เ	พ	น	ก	ว	◌ิ	น	ผ	ป	ท	ส

น้ำ
อ่าว
วิทยาศาสตร์
การอนุรักษ์
ทวีป
การเดินทาง
ภูมิศาสตร์
กลาเซียร์
น้ำแข็ง
นักวิจัย
หมู่เกาะ
การโยกย้าย
แร่ธาตุ
เมฆ
นก
คาบสมุทร
เพนกวิน
ขรุขระ
อุณหภูมิ

98 - Piratas

ถ	อ	ช	ษ	ด	ค	ไ	แ	จ	ก	จ	ฉ	เ	ส
ภ	เ	ย	ล	ง	ซ	น	ร	ด	ต	ร	ช	ข	ม
ด	ก	ฉ	น	ฟ	ง	ค	ธ	ษ	ท	◌ั	า	◌็	บ
ไ	า	ว	ก	ย	ล	ะ	ฝ	บ	ะ	ม	ย	ม	◌ั
ม	ะ	บ	แ	ผ	ล	เ	ป	◌็	น	ไ	ห	ท	ต
พ	ห	ธ	ก	ผ	น	ค	ห	ป	ว	จ	า	◌ิ	◌ิ
ท	อ	ง	◌้	ล	◌ู	ก	เ	ร	◌ี	อ	ด	ศ	แ
ศ	◌ั	บ	ว	พ	ห	ถ	ต	ฉ	◌ี	ก	ะ	ผ	ข
พ	น	ย	ผ	ศ	ม	◌้	ซ	ไ	ศ	ย	ด	ม	น
ไ	ต	◌ำ	น	า	น	◌ำ	ย	แ	ม	ด	ญ	พ	แ
ห	ร	ก	◌ั	ป	ต	◌ั	น	ค	ย	บ	ภ	ด	แ
ก	า	ร	ผ	จ	ญ	ภ	◌ั	ย	ฉ	◌่	อ	ผ	ง
ข	ย	ป	แ	ผ	น	ท	◌ี	◌่	ส	ะ	ข	จ	ซ
ท	ห	ห	ไ	ภ	จ	ถ	ะ	ส	ม	อ	ช	ณ	ฟ

สมอ
การผจญภัย
ธง
เข็มทิศ
กัปตัน
แผลเป็น
ถ้ำ
ดาบ
เกาะ
ตำนาน
นกแก้ว
แย่
แผนที่
เหรียญ
ทอง
อันตราย
ชายหาด
รัม
สมบัติ
ลูกเรือ

99 - Mamíferos

ภ	ไ	ช	ะ	ฟ	◌็	อ	ก	ซ	◌์	ห	ย	ส	า
ห	ต	ศ	ษ	ไ	แ	ต	อ	เ	ณ	ม	ว	ก	ฟ
ก	ศ	ษ	ณ	ข	ย	◌ี	ร	า	ฟ	◌ี	ไ	ร	ห
ห	ม	า	ป	◌่	า	ถ	◌ิ	จ	ษ	ก	ด	ะ	ถ
ไ	ม	◌้	า	ล	า	ย	ล	◌ิ	ง	ภ	ผ	ต	แ
ญ	ม	า	ด	ป	ห	ว	ล	า	ค	ษ	ต	◌่	ผ
ข	ป	ล	า	โ	ล	ม	า	จ	ซ	ะ	ฉ	า	อ
ช	◌้	า	ง	ธ	ข	ร	ผ	ฬ	◌ิ	ก	โ	ย	◌ู
ณ	ป	ผ	อ	า	ฟ	จ	ต	ว	ห	ง	ค	ษ	ฐ
ฟ	ง	ณ	ต	ฝ	ฝ	ช	ช	พ	จ	ซ	โ	ธ	ว
แ	ก	ะ	ฟ	จ	บ	โ	ค	ะ	ค	ะ	ย	จ	ส
ม	ย	ไ	ไ	ผ	ข	ต	ถ	ฟ	ฉ	ม	ต	แ	◌้
ว	ข	พ	ฟ	ด	ฉ	ฝ	ฝ	อ	ถ	◌้	◌ี	ด	ผ
เ	ร	ห	ด	ป	ง	ข	ซ	ม	ซ	า	◌้	น	บ

วาฬ
ลา
ม้า
อูฐ
จิงโจ้
ม้าลาย
กระต่าย
โคโยตี้
ปลาโลมา
ช้าง
แมว
กอริลลา
ยีราฟ
หมาป่า
ลิง
หมี
แกะ
หมา
โค
ฟ็อกซ์

100 - Abejas

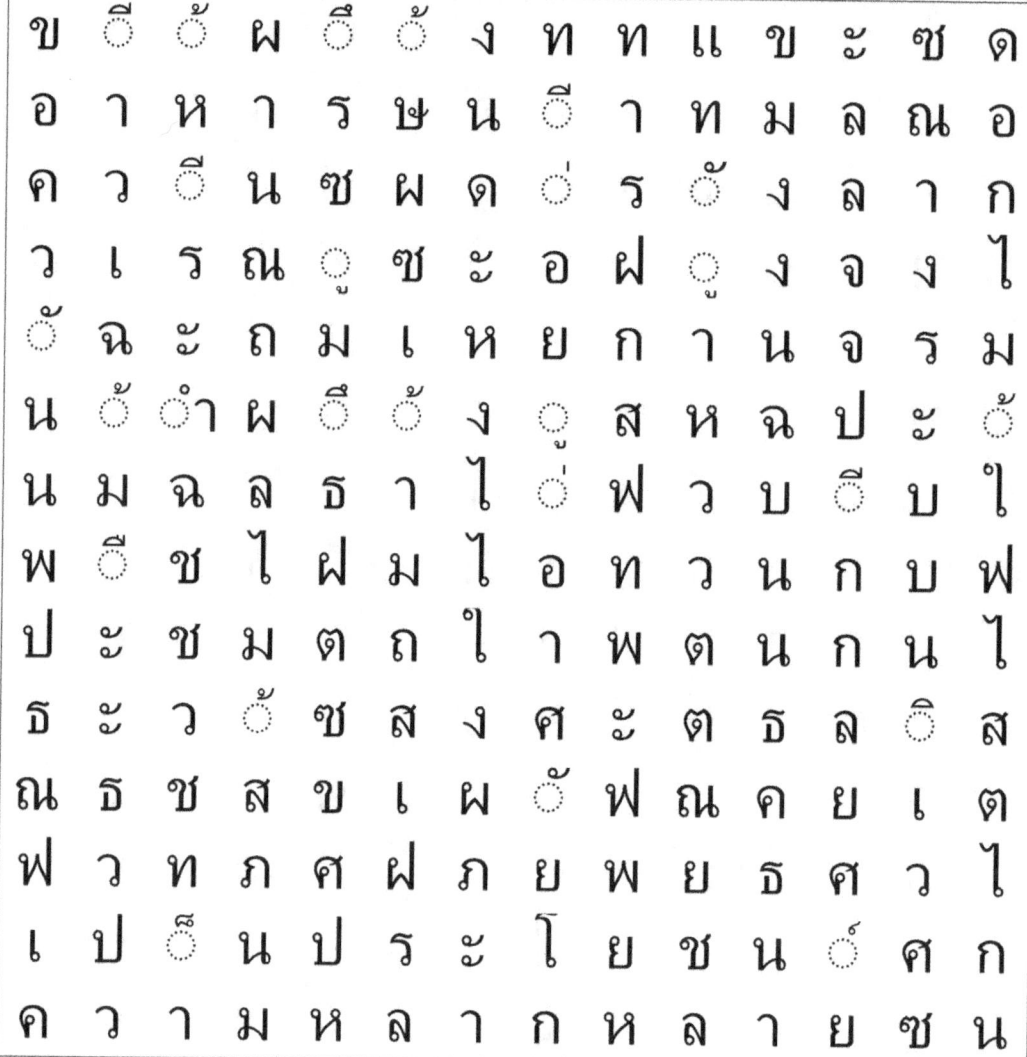

ข	◌ี	◌้	ผ	◌ึ	◌้	ง	ท	ท	แ	ข	ะ	ซ	ด
อ	า	ห	า	ร	ษ	น	◌ี	า	ท	ม	ล	ณ	อ
ค	ว	◌ี	น	ซ	ผ	ด	◌่	ร	◌ั	ง	ล	า	ก
ว	เ	ร	ณ	◌ู	ซ	ะ	อ	ฝ	◌ู	ง	จ	ง	ไ
◌ั	ฉ	ะ	ถ	ม	เ	ห	ย	ก	า	น	จ	ร	ม
น	◌้	◌ำ	ผ	◌ึ	◌้	ง	◌ู	ส	ห	ฉ	ป	ะ	◌้
น	ม	ฉ	ล	ธ	า	ไ	◌่	ฟ	ว	บ	◌ี	บ	ไ
พ	◌ี	ช	ไ	ฝ	ม	ไ	อ	ท	ว	น	ก	บ	ฟ
ป	ะ	ช	ม	ต	ถ	ไ	า	พ	ต	น	ก	น	ไ
ธ	ะ	ว	◌้	ซ	ส	ง	ศ	ะ	ต	ธ	ล	◌ิ	ส
ณ	ธ	ช	ส	ข	เ	ผ	◌ั	ฟ	ณ	ค	ย	เ	ต
ฟ	ว	ท	ภ	ศ	ฝ	ภ	ย	พ	ย	ธ	ศ	ว	ไ
เ	ป	◌็	น	ป	ร	ะ	โ	ย	ช	น	◌์	ศ	ก
ค	ว	า	ม	ห	ล	า	ก	ห	ล	า	ย	ซ	น

ปีก
เป็นประโยชน์
ขี้ผึ้ง
รัง
อาหาร
ความหลากหลาย
ระบบนิเวศ
ฝูง
ดอก
ดอกไม้
ผลไม้
ที่อยู่อาศัย
ควัน
แมลง
สวน
น้ำผึ้ง
พืช
เรณู
ควีน

1 - Ajedrez

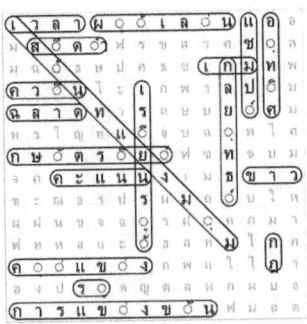

2 - Agua

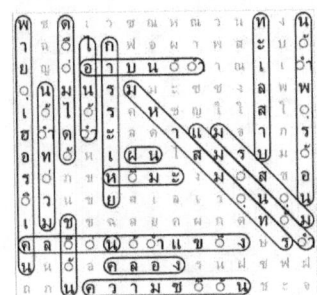

3 - Granja #2

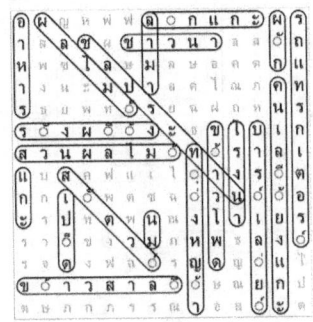

4 - Mueble

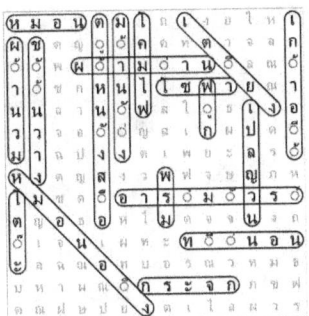

5 - Pesca

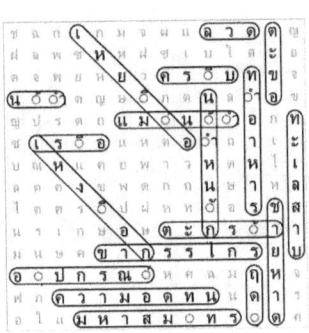

6 - Aviones

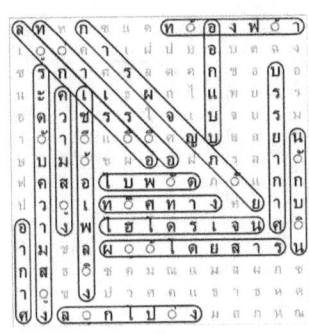

7 - Tipos de Cabello

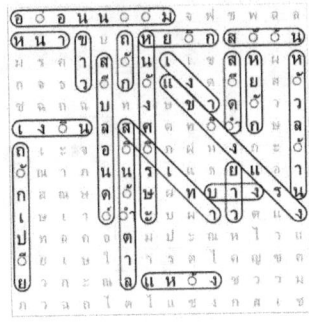

8 - Ciencia Ficción

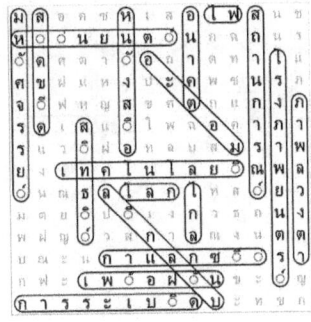

9 - Juguetes

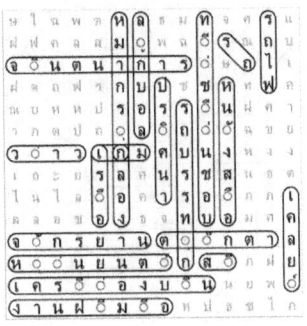

10 - Circo

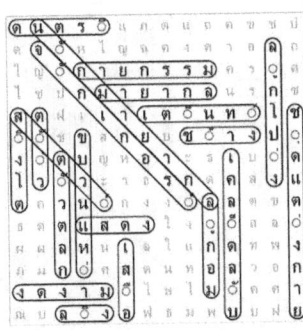

11 - Rellenar

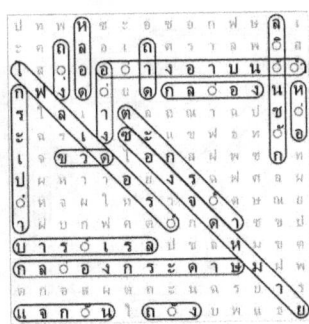

12 - Granja #1

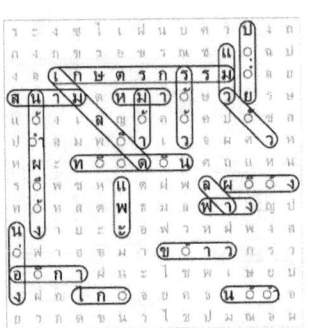

13 - Camping

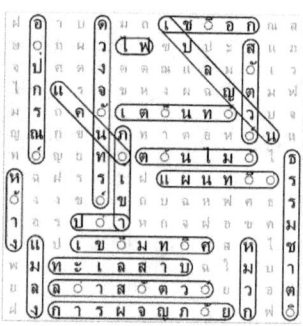

14 - Fruta

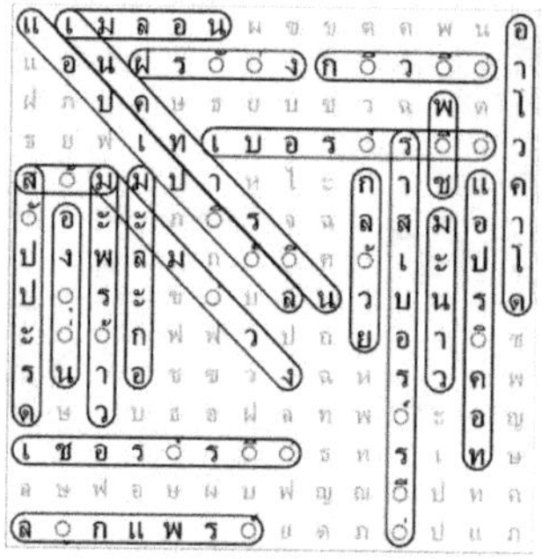

15 - Geología

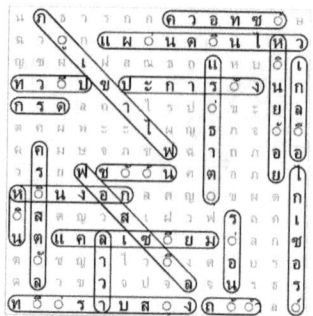

16 - Plantas

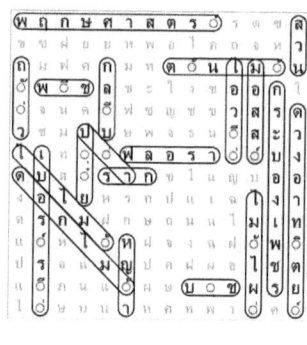

17 - Suministros de Arte

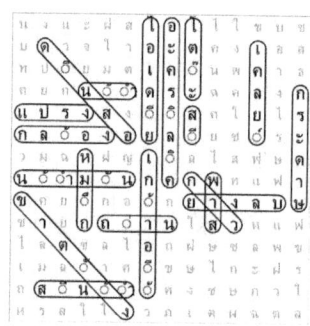

18 - Jardín

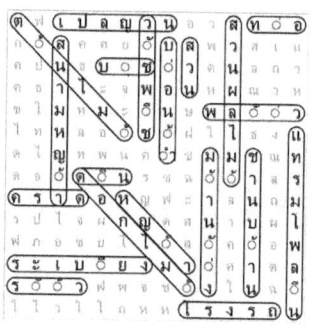

19 - Países #2

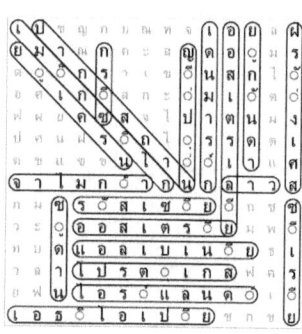

20 - Tecnología

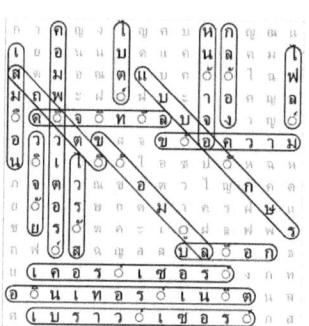

21 - Números

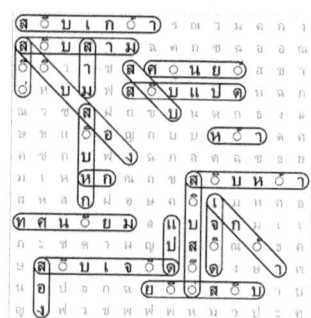

22 - Mitología

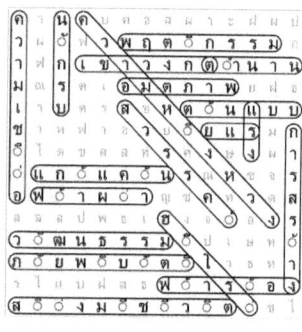

23 - Ecología

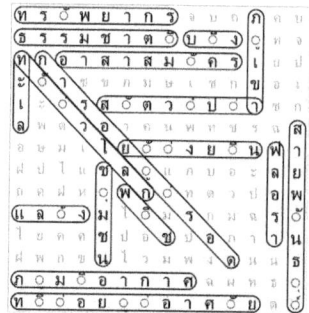

24 - Herramientas

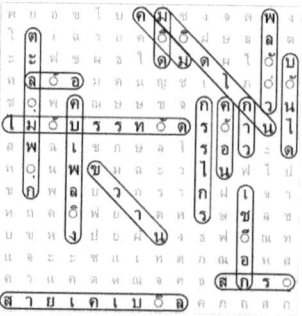

25 - Casa

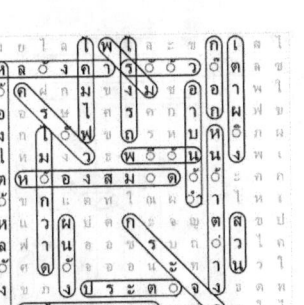

26 - Artes Visuales

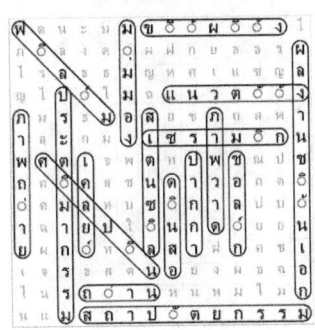

27 - Escuela #2

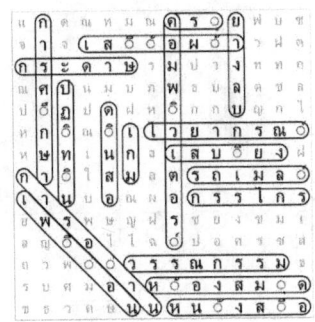

28 - Selva Tropical

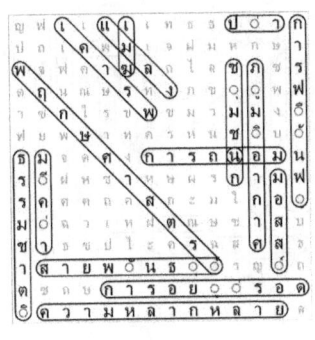

29 - Colores

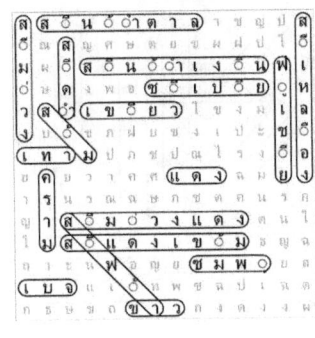

30 - Adjetivos #1

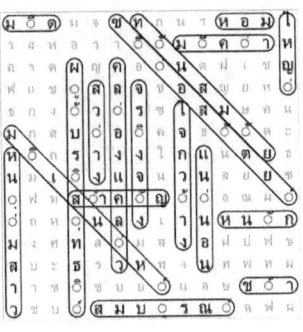

31 - Familia

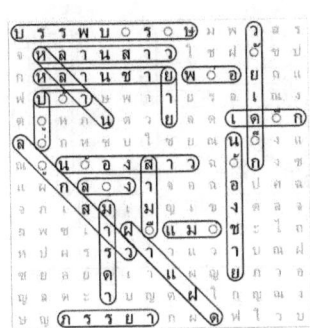

32 - Disciplinas Científicas

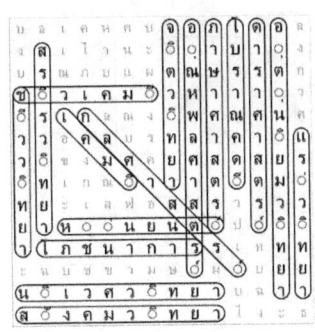

33 - Gatos

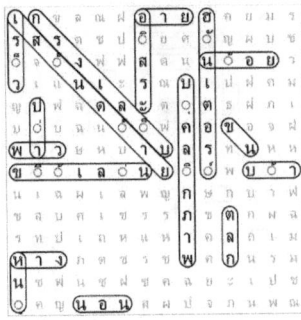

34 - Cocina

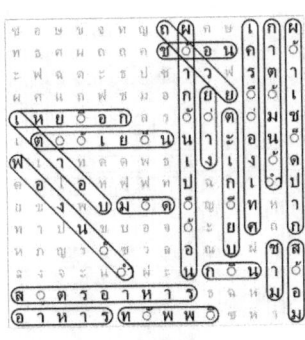

35 - Escuela #1

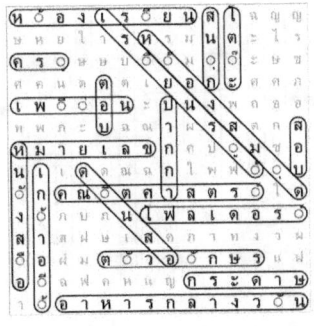

36 - Adjetivos #2

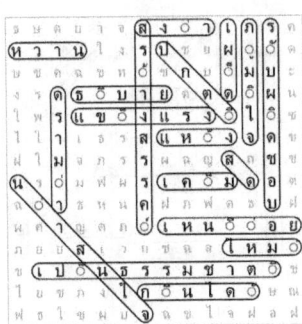

37 - Cuerpo Humano

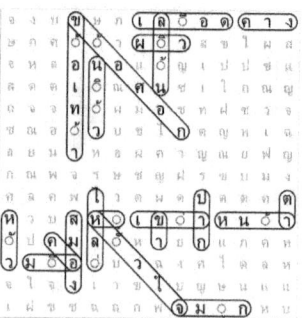

38 - Ciencia

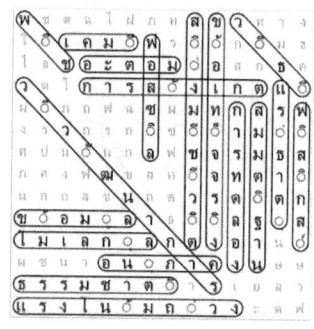

39 - Dinosaurios

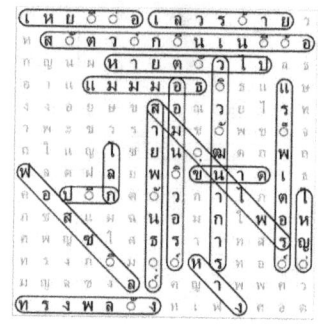

40 - Restaurante #2

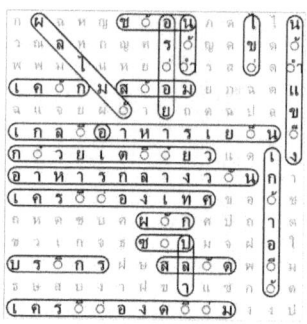

41 - Profesiones #1

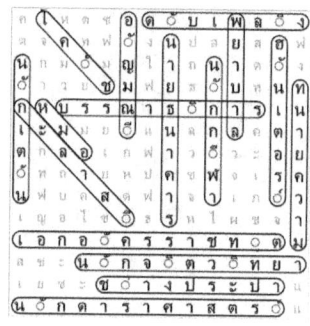

42 - Vehículos

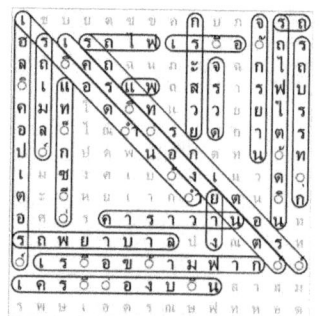

43 - Vacaciones #2

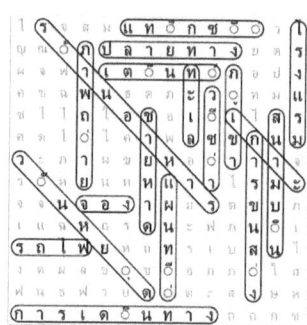

44 - Cumpleaños

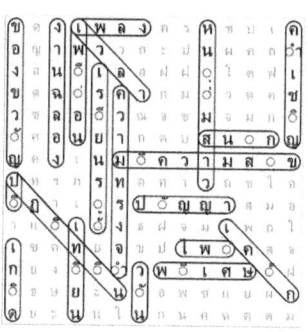

45 - Baile

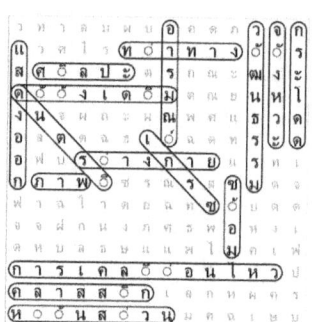

46 - Matemáticas

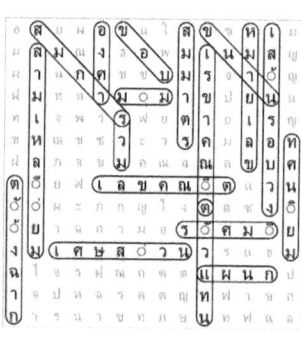

47 - Restaurante #1

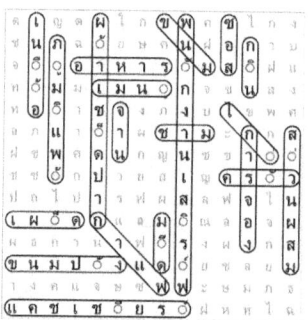

48 - Profesiones #2

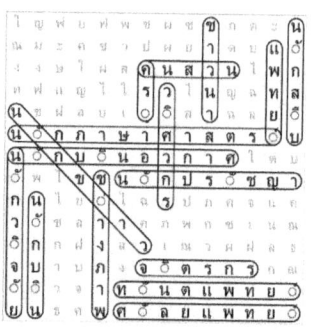

49 - Senderismo

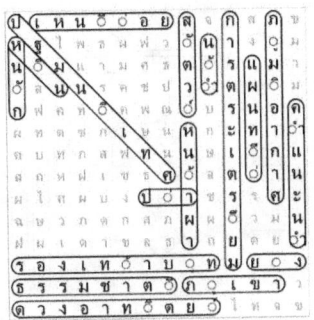

50 - Naturaleza

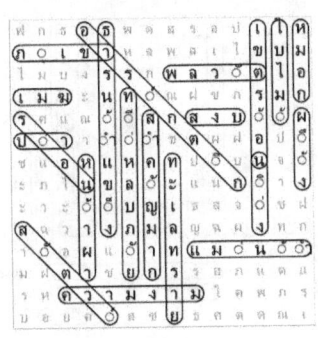

51 - Conduciendo

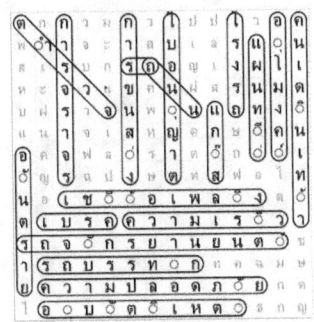

52 - Ballet

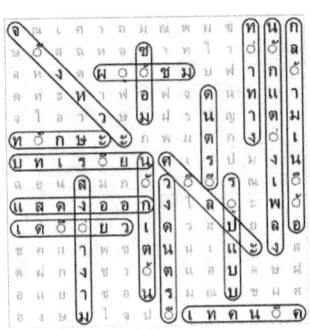

53 - Aventura

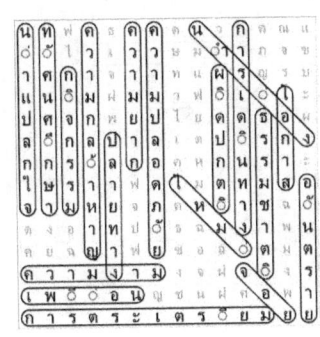

54 - Pájaros

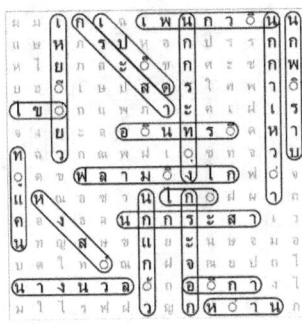

55 - Playa

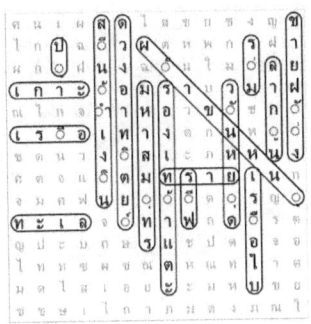

56 - Surf

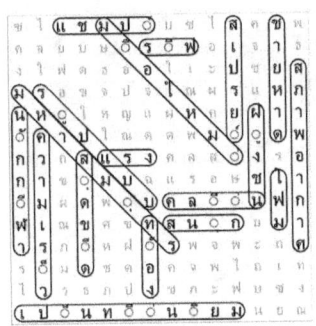

57 - Geografía

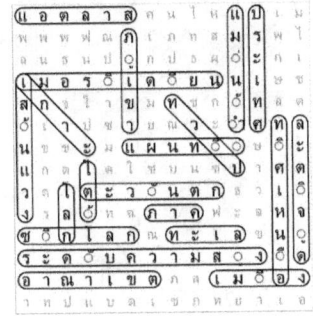

58 - Deportes

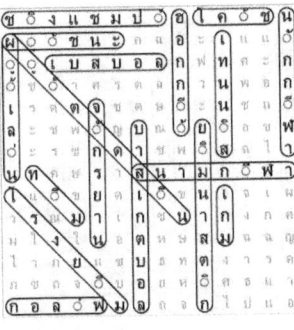

59 - Actividades

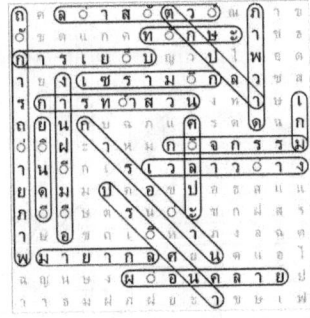

60 - Verduras

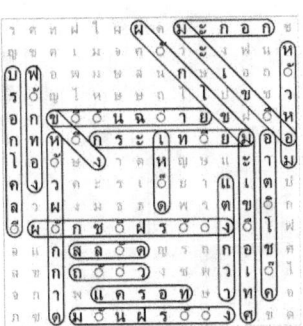

61 - Instrumentos Musicales

62 - Escalada

63 - Mascotas

64 - Flores

65 - Astronomía

66 - Tiempo

67 - Paisajes

68 - Días y Meses

69 - Chocolate

70 - Barbacoas

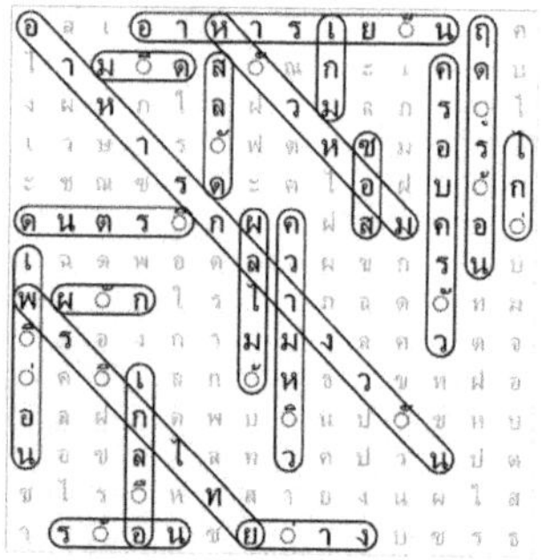

71 - Ropa

72 - Meditación

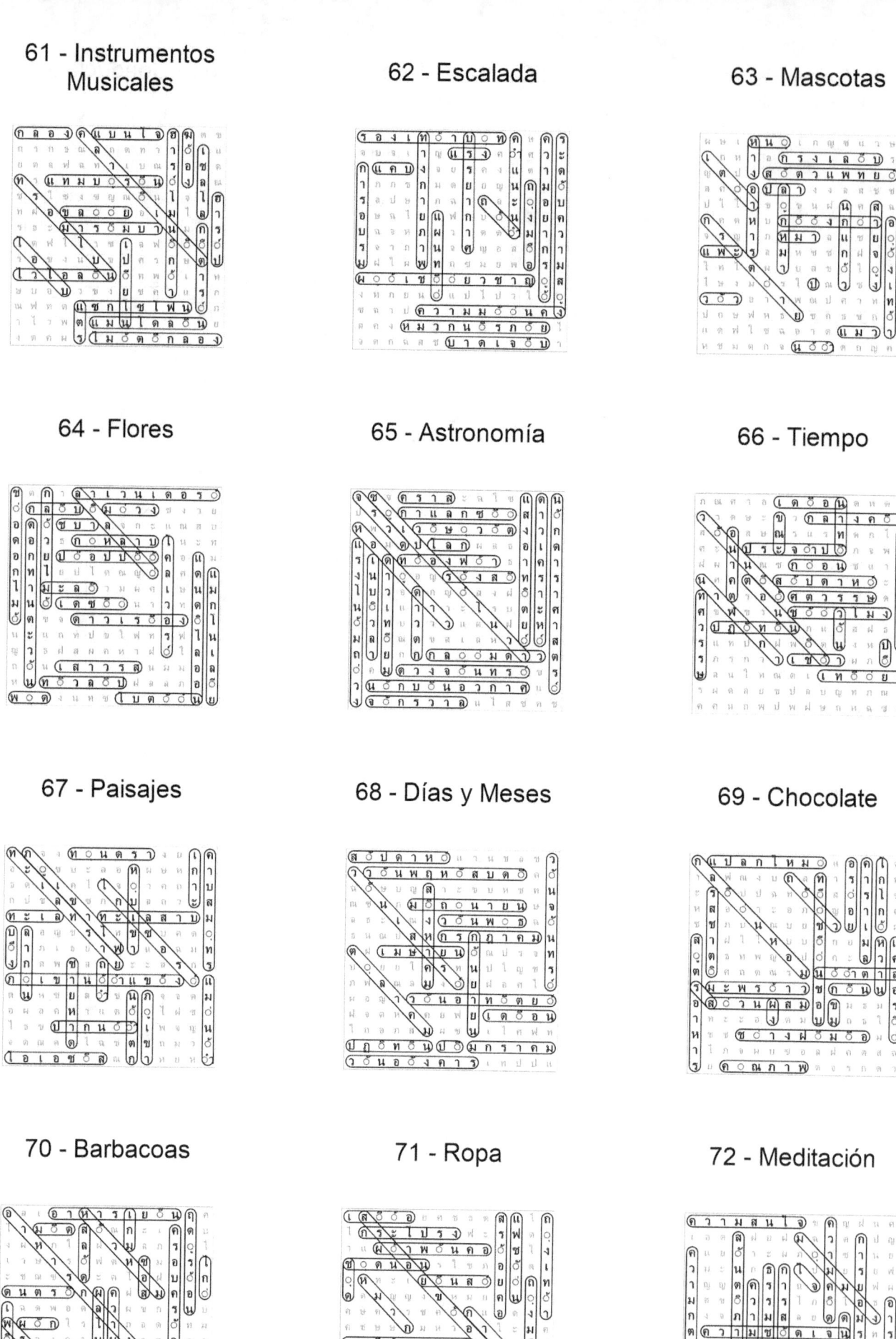

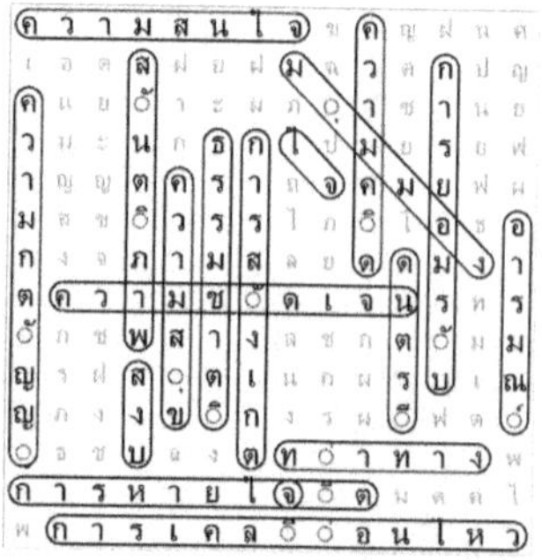

73 - Perros

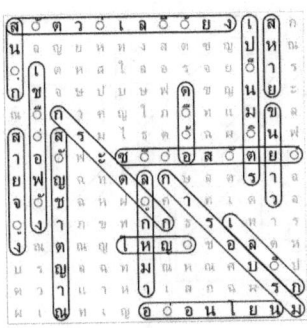

74 - Comedia

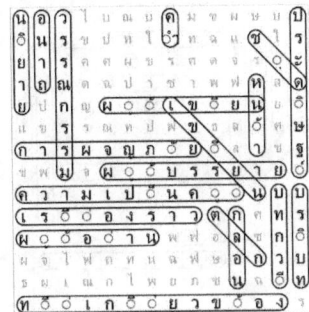

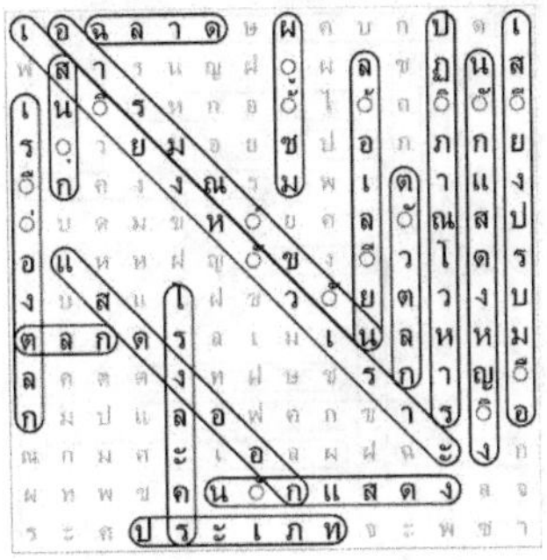

75 - Libros

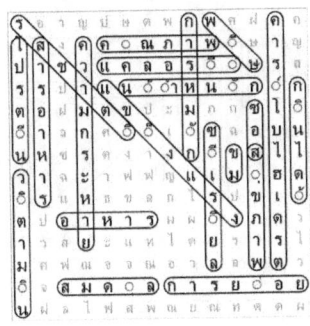

76 - Nutrición

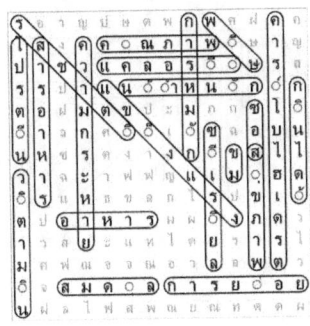

77 - Edificios

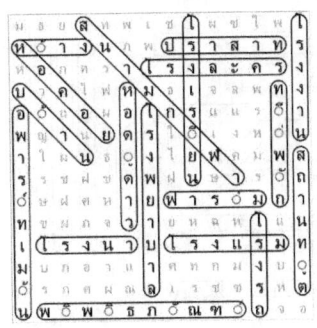

78 - Océano

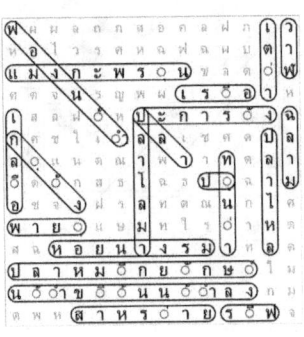

79 - Ciudad

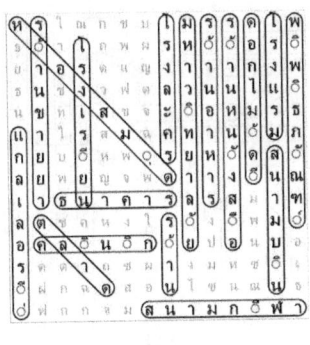

80 - Conservación

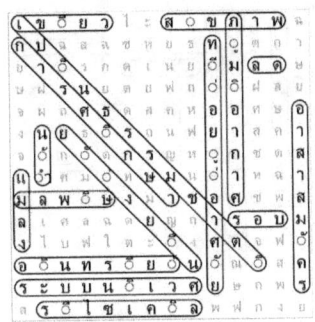

81 - Exploración

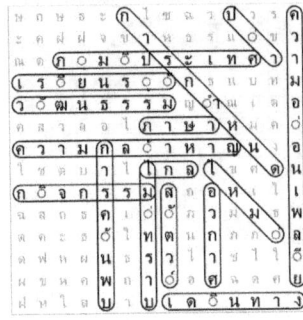

82 - Campeonato

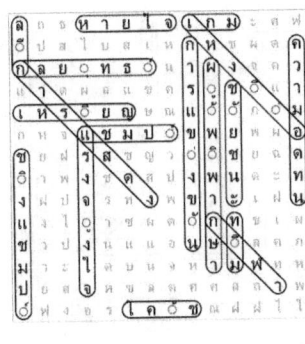

83 - Actividades y Ocio

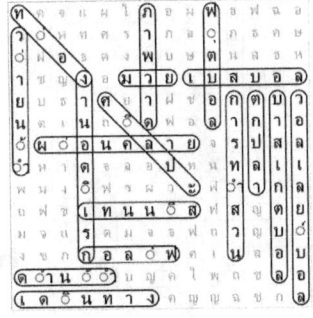

84 - Comida #1

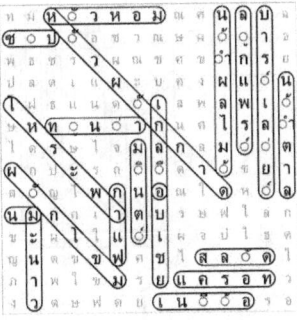

85 - Literatura

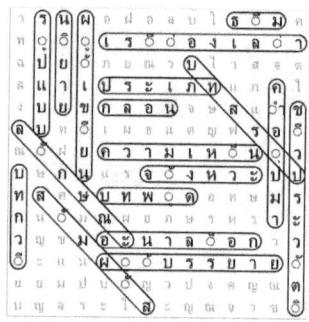

86 - Clima

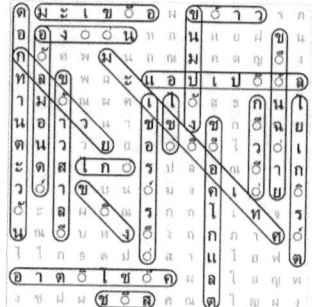

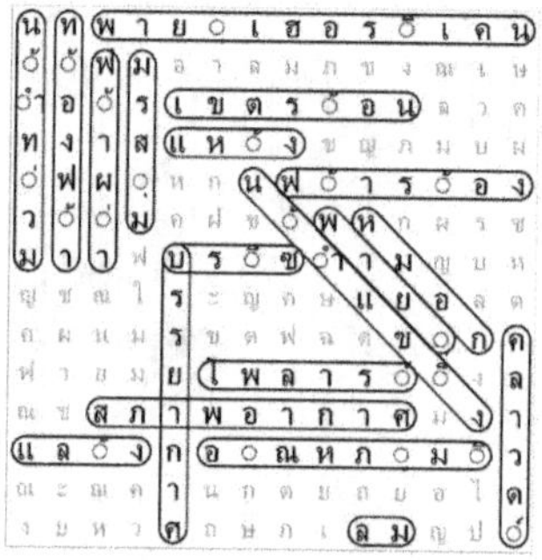

87 - Comida #2

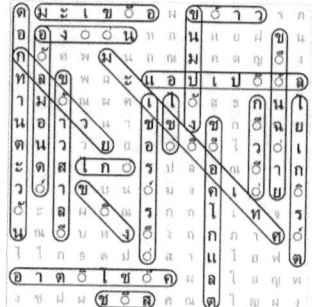

88 - Castillos

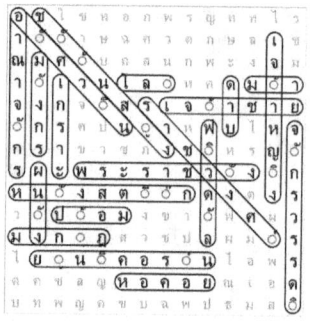

89 - Arte

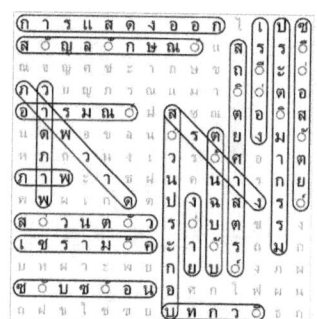

90 - Herboristería

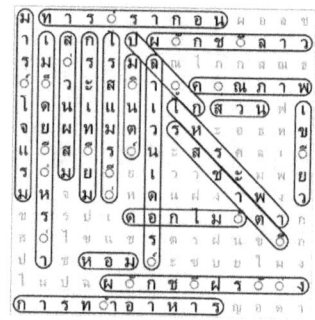

91 - Verano

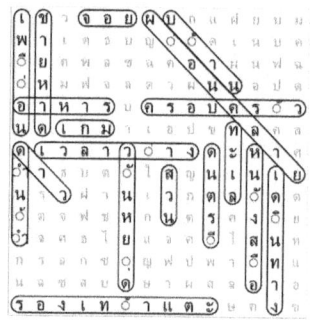

92 - Insectos

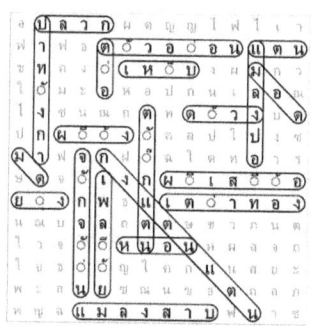

93 - Especias

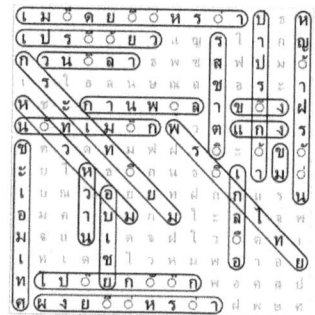

94 - Emociones

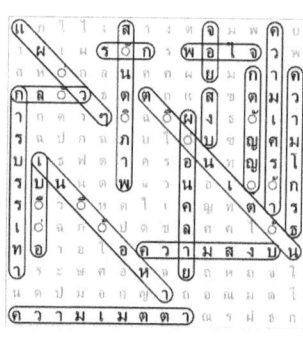

95 - Mediciones

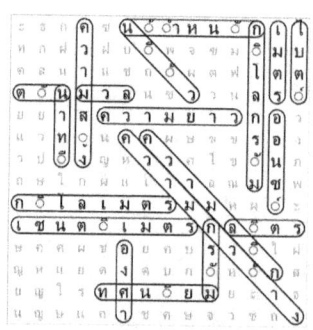

96 - Barcos

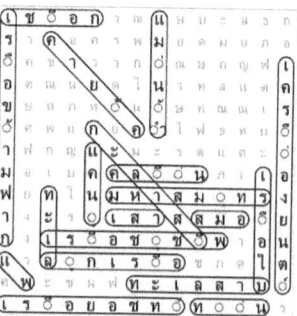

97 - Antártida

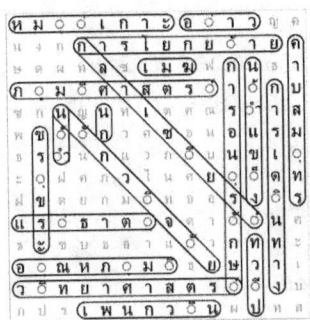

98 - Piratas

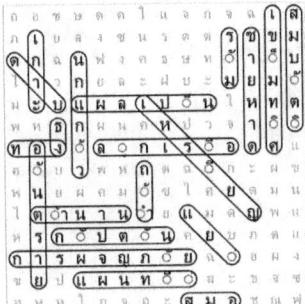

99 - Mamíferos

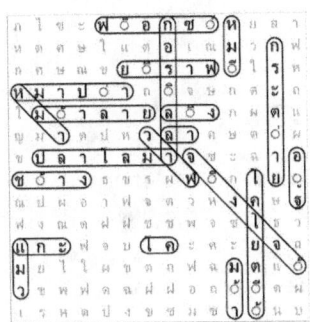

100 - Abejas

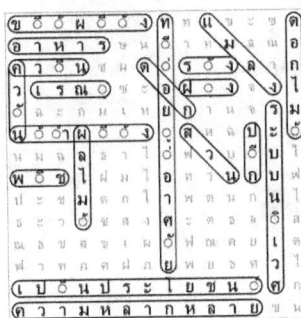

Diccionario

Abejas
ผึ้ง

Alas	ปีก
Beneficioso	เป็นประโยชน์
Cera	ขี้ผึ้ง
Colmena	รัง
Comida	อาหาร
Diversidad	ความหลากหลาย
Ecosistema	ระบบนิเวศ
Enjambre	ฝูง
Flor	ดอก
Flores	ดอกไม้
Fruta	ผลไม้
Hábitat	ที่อยู่อาศัย
Humo	ควัน
Insecto	แมลง
Jardín	สวน
Miel	น้ำผึ้ง
Plantas	พืช
Polen	เรณู
Reina	ควีน
Sol	ดวงอาทิตย์

Actividades
กิจกรรมต่างๆ

Actividad	กิจกรรม
Arte	ศิลปะ
Artesanía	งานฝีมือ
Caza	ล่าสัตว์
Cerámica	เซรามิก
Costura	การเย็บ
Fotografía	การถ่ายภาพ
Habilidad	ทักษะ
Jardinería	การทำสวน
Juegos	เกม
Lectura	การอ่าน
Magia	มายากล
Ocio	เวลาว่าง
Pesca	ตกปลา
Pintura	ภาพวาด
Placer	ยินดี
Relajación	ผ่อนคลาย
Rompecabezas	ปริศนา
Tejer	ถัก

Actividades y Ocio
กิจกรรมและสันทนาการ

Aficiones	งานอดิเรก
Arte	ศิลปะ
Baloncesto	บาสเกตบอล
Béisbol	เบสบอล
Boxeo	มวย
Buceo	ดำน้ำ
Fútbol	ฟุตบอล
Golf	กอล์ฟ
Jardinería	การทำสวน
Natación	ว่ายน้ำ
Pesca	ตกปลา
Pintura	ภาพวาด
Relajante	ผ่อนคลาย
Surf	ท่อง
Tenis	เทนนิส
Viaje	เดินทาง
Voleibol	วอลเลย์บอล

Adjetivos #1
คำคุณศัพท์ #1

Absoluto	แน่นอน
Activo	คล่องแคล่ว
Ambicioso	ทะเยอทะยาน
Aromático	หอม
Atractivo	มีเสน่ห์
Brillante	สว่าง
Exótico	แปลกใหม่
Generoso	ใจกว้าง
Grande	ใหญ่
Honesto	ซื่อสัตย์
Importante	สำคัญ
Inocente	ผู้บริสุทธิ์
Joven	หนุ่มสาว
Lento	ช้า
Moderno	ทันสมัย
Oscuro	มืด
Perfecto	สมบูรณ์
Pesado	หนัก
Serio	จริงจัง
Valioso	มีค่า

Adjetivos #2
คำคุณศัพท์ #2

Cansado	เหนื่อย
Comestible	กินได้
Creativo	สร้างสรรค์
Descriptivo	ธิบาย
Dramático	ดราม่า
Dulce	หวาน
Elegante	สง่า
Famoso	มีชื่อเสียง
Fresco	สด
Interesante	น่าสนใจ
Natural	เป็นธรรมชาติ
Normal	ปกติ
Nuevo	ใหม่
Orgulloso	ภูมิใจ
Picante	เผ็ด
Productivo	อุดมสมบูรณ์
Responsable	รับผิดชอบ
Salado	เค็ม
Saludable	แข็งแรง
Seco	แห้ง

Agua
น้ำ

Canal	คลอง
Ducha	อาบน้ำ
Evaporación	การระเหย
Géiser	น้ำพุร้อน
Hielo	น้ำแข็ง
Humedad	ความชื้น
Huracán	พายุเฮอริเคน
Húmedo	ชื้น
Inundación	น้ำท่วม
Lago	ทะเลสาบ
Lluvia	ฝน
Monzón	มรสุม
Nieve	หิมะ
Océano	มหาสมุทร
Olas	คลื่น
Potable	ดื่มได้
Riego	ชลประทาน
Río	แม่น้ำ
Vapor	ไอน้ำ

Ajedrez
หมากรุก

Aprender	เรียนรู้
Blanco	ขาว
Campeón	แชมป์
Diagonal	เส้นทแยงมุม
Estrategia	กลยุทธ์
Inteligente	ฉลาด
Juego	เกม
Jugador	ผู้เล่น
Negro	สีดำ
Oponente	คู่แข่ง
Pasivo	รู
Puntos	คะแนน
Reglas	กฎ
Reina	ควีน
Rey	กษัตริย์
Sacrificio	อุทิศ
Tiempo	เวลา
Torneo	การแข่งขัน

Antártida
ทวีปแอนตาร์กติกา

Agua	น้ำ
Bahía	อ่าว
Científico	วิทยาศาสตร์
Conservación	การอนุรักษ์
Continente	ทวีป
Expedición	การเดินทาง
Geografía	ภูมิศาสตร์
Glaciares	กลาเซียร์
Hielo	น้ำแข็ง
Investigador	นักวิจัย
Islas	หมู่เกาะ
Migración	การโยกย้าย
Minerales	แร่ธาตุ
Nubes	เมฆ
Pájaros	นก
Península	คาบสมุทร
Pingüinos	เพนกวิน
Rocoso	ขรุขระ
Temperatura	อุณหภูมิ
Topografía	ภูมิประเทศ

Arte
ศิลปะ

Cerámica	เซรามิค
Complejo	ซับซ้อน
Composición	ส่วนประกอบ
Crear	สร้าง
Escultura	ประติมากรรม
Expresión	การแสดงออก
Honesto	ซื่อสัตย์
Humor	อารมณ์
Original	ต้นฉบับ
Personal	ส่วนตัว
Pinturas	ภาพวาด
Poesía	บทกวี
Retratar	วาดภาพ
Sencillo	ง่าย
Símbolo	สัญลักษณ์
Surrealismo	สถิตยศาสตร์
Tema	เรื่อง
Visual	ภาพ

Artes Visuales
ทัศนศิลป์

Arcilla	เคลย์
Arquitectura	สถาปัตยกรรม
Artista	ศิลปิน
Carbón	ถ่าน
Cera	ขี้ผึ้ง
Cerámica	เซรามิก
Composición	ค์ประกอบ
Escultura	ประติมากรรม
Fotografía	ภาพถ่าย
Lápiz	ดินสอ
Obra Maestra	ผลงานชิ้นเอก
Película	ฟิล์ม
Perspectiva	มุมมอง
Pintura	ภาพวาด
Plantilla	สเตนซิล
Pluma	ปากกา
Retrato	แนวตั้ง
Tiza	ชอล์ก

Astronomía
ดาราศาสตร์

Astronauta	นักบินอวกาศ
Astrónomo	นักดาราศาสตร์
Cielo	ท้องฟ้า
Cohete	จรวด
Constelación	กลุ่มดาว
Eclipse	คราส
Equinoccio	วิษุวัต
Galaxia	กาแลกซี่
Gravedad	แรงโน้มถ่วง
Luna	ดวงจันทร์
Meteoro	ดาวตก
Nebulosa	เนบิวลา
Observatorio	หอดูดาว
Planeta	ดาวเคราะห์
Radiación	รังสี
Satélite	ดาวเทียม
Solar	แสงอาทิตย์
Supernova	ซูเปอร์โนวา
Tierra	โลก
Universo	จักรวาล

Aventura
การผจญภัย

Actividad	กิจกรรม
Alegría	จอย
Amigos	เพื่อน
Belleza	ความงาม
Destino	ปลายทาง
Dificultad	ความยาก
Excursión	ทัศนศึกษา
Inusual	ผิดปกติ
Naturaleza	ธรรมชาติ
Navegación	นำร่อง
Nuevo	ใหม่
Oportunidad	โอกาส
Peligroso	อันตราย
Preparación	การตระเตรียม
Seguridad	ความปลอดภัย
Sorprendente	น่าแปลกใจ
Valentía	ความกล้าหาญ
Viajes	การเดินทาง

Aviones
เครื่องบิน

Aire	อากาศ
Altitud	ระดับความสูง
Altura	ความสูง
Aterrizaje	ท่าเรือ
Atmósfera	บรรยากาศ
Aventura	การผจญภัย
Cielo	ท้องฟ้า
Combustible	เชื้อเพลิง
Construcción	การก่อสร้าง
Dirección	ทิศทาง
Diseño	ออกแบบ
Globo	ลูกโป่ง
Hélices	ใบพัด
Hidrógeno	ไฮโดรเจน
Historia	ประวัติศาสตร์
Motor	เครื่องยนต์
Pasajero	ผู้โดยสาร
Piloto	นักบิน
Tripulación	ลูกเรือ
Turbulencia	ความปั่นป่วน

Baile
เต้นรำ

Arte	ศิลปะ
Clásico	คลาสสิก
Cuerpo	ร่างกาย
Cultura	วัฒนธรรม
Emoción	อารมณ์
Ensayo	ซ้อม
Expresivo	แสดงออก
Gracia	เกรซ
Movimiento	การเคลื่อนไหว
Música	ดนตรี
Postura	ท่าทาง
Ritmo	จังหวะ
Saltar	กระโดด
Socio	หุ้นส่วน
Tradicional	ดั้งเดิม
Visual	ภาพ

Ballet
บัลเล่ต์

Agraciado	สง่างาม
Aplauso	เสียงปรบมือ
Artístico	ศิลปะ
Audiencia	ผู้ชม
Bailarines	นักเต้น
Compositor	นักแต่งเพลง
Ensayo	ซ้อม
Estilo	รูปแบบ
Expresivo	แสดงออก
Gesto	ท่าทาง
Habilidad	ทักษะ
Intensidad	ความเข้มข้น
Lecciones	บทเรียน
Músculos	กล้ามเนื้อ
Música	ดนตรี
Orquesta	วงดนตรี
Ritmo	จังหวะ
Solo	เดี่ยว
Técnica	เทคนิค

Barbacoas
บาร์บีคิว

Almuerzo	อาหารกลางวัน
Amigos	เพื่อน
Caliente	ร้อน
Cebollas	หัวหอม
Cena	อาหารเย็น
Cuchillos	มีด
Ensaladas	สลัด
Familia	ครอบครัว
Fruta	ผลไม้
Hambre	ความหิว
Juegos	เกม
Música	ดนตรี
Parrilla	ย่าง
Pimienta	พริกไทย
Pollo	ไก่
Sal	เกลือ
Salsa	ซอส
Tomates	มะเขือเทศ
Verano	ฤดูร้อน
Verduras	ผัก

Barcos
เรือ

Ancla	สมอ
Balsa	แพ
Bote Salvavidas	เรือชูชีพ
Boya	ทุ่น
Canoa	แคนู
Cuerda	เชือก
Ferry	เรือข้ามฟาก
Kayak	คายัค
Lago	ทะเลสาบ
Mar	ทะเล
Marinero	กะลาสี
Mástil	เสา
Motor	เครื่องยนต์
Océano	มหาสมุทร
Olas	คลื่น
Río	แม่น้ำ
Tripulación	ลูกเรือ
Velero	เรือใบ
Yate	เรือยอชท์

Campeonato
การแข่งขันชิงแชมป์

Campeonato	ชิงแชมป์
Campeón	แชมป์
Deportes	กีฬา
Entrenador	โค้ช
Equipo	ทีม
Estrategia	กลยุทธ์
Juegos	เกม
Juez	ผู้พิพากษา
Liga	ลีก
Medalla	เหรียญ
Motivación	แรงจูงใจ
Rendimiento	การแสดง
Resistencia	ความอดทน
Respirar	หายใจ
Torneo	การแข่งขัน
Transpiración	เหงื่อ
Victoria	ชัยชนะ

Camping
ค่ายพักแรม

Animales	สัตว์
Aventura	การผจญภัย
Árboles	ต้นไม้
Bosque	ป่า
Brújula	เข็มทิศ
Cabina	ห้าง
Canoa	แคนู
Carpa	เต็นท์
Caza	ล่าสัตว์
Cuerda	เชือก
Equipo	อุปกรณ์
Fuego	ไฟ
Hamaca	เปลญวน
Insecto	แมลง
Lago	ทะเลสาบ
Luna	ดวงจันทร์
Mapa	แผนที่
Montaña	ภูเขา
Naturaleza	ธรรมชาติ
Sombrero	หมวก

Casa
บ้าน

Alfombra	พรม
Ático	ห้องใต้หลังคา
Biblioteca	ห้องสมุด
Chimenea	เตาผิง
Cocina	ครัว
Dormitorio	ห้องนอน
Ducha	อาบน้ำ
Escoba	ไม้กวาด
Espejo	กระจก
Garaje	โรงรถ
Grifo	ก๊อก
Jardín	สวน
Lámpara	โคมไฟ
Pared	ผนัง
Piso	พื้น
Puerta	ประตู
Sótano	ชั้นใต้ดิน
Techo	หลังคา
Valla	รั้ว
Ventana	หน้าต่าง

Castillos
ปราสาท

Armadura	เกราะ
Caballero	อัศวิน
Caballo	ม้า
Catapulta	หนังสติ๊ก
Corona	มงกุฎ
Dinastía	ราชวงศ์
Dragón	มังกร
Escudo	โล่
Espada	ดาบ
Feudal	ฟิวดัล
Fortaleza	ป้อม
Imperio	จักรวรรดิ
Noble	ชั้นสูง
Palacio	พระราชวัง
Pared	ผนัง
Princesa	เจ้าหญิง
Príncipe	เจ้าชาย
Reino	อาณาจักร
Torre	หอคอย
Unicornio	ยูนิคอร์น

Chocolate
ช็อกโกแลต

Amargo	ขม
Aroma	กลิ่นหอม
Artesanal	ช่างฝีมือ
Azúcar	น้ำตาล
Cacahuetes	ถั่ว
Cacao	โกโก้
Calidad	คุณภาพ
Calorías	แคลอรี่
Caramelo	คาราเมล
Coco	มะพร้าว
Comer	กิน
Delicioso	อร่อย
Dulce	หวาน
Exótico	แปลกใหม่
Favorito	ที่ชื่นชอบ
Gusto	รส
Ingrediente	ส่วนผสม
Polvo	ผง
Receta	สูตรอาหาร
Sabor	รสชาติ

Ciencia
วิทยาศาสตร์

Átomo	อะตอม
Clima	ภูมิอากาศ
Datos	ข้อมูล
Evolución	วิวัฒนาการ
Experimento	การทดลอง
Física	ฟิสิกส์
Fósil	ฟอสซิล
Gravedad	แรงโน้มถ่วง
Hecho	ข้อเท็จจริง
Hipótesis	สมมติฐาน
Método	วิธี
Minerales	แร่ธาตุ
Moléculas	โมเลกุล
Naturaleza	ธรรมชาติ
Observación	การสังเกต
Organismo	สิ่งมีชีวิต
Partículas	อนุภาค
Plantas	พืช
Químico	เคมี

Ciencia Ficción
นิยายวิทยาศาสตร์

Atómico	อะตอม
Cine	โรงภาพยนตร์
Distante	ไกล
Escenario	สถานการณ์
Explosión	การระเบิด
Extremo	สุดขีด
Fantástico	มหัศจรรย์
Fuego	ไฟ
Futurista	อนาคต
Galaxia	กาแลกซี่
Ilusión	ภาพลวงตา
Imaginario	เพ้อฝัน
Libros	หนังสือ
Misterioso	ลึกลับ
Mundo	โลก
Oráculo	สิทธิ์
Planeta	ดาวเคราะห์
Robots	หุ่นยนต์
Tecnología	เทคโนโลยี
Utopía	ยูโทเปีย

Circo
ละครสัตว์

Acróbata	กายกรรม
Animales	สัตว์
Billete	ตั๋ว
Caramelo	ลูกอม
Carpa	เต็นท์
Desfile	ขบวนแห่
Elefante	ช้าง
Espectacular	งดงาม
Globos	ลูกโป่ง
León	สิงโต
Magia	มายากล
Mago	นักมายากล
Malabarista	จักเกอร์
Mono	ลิง
Mostrar	แสดง
Música	ดนตรี
Payaso	ตัวตลก
Tigre	เสือ
Traje	ชุดแต่งกาย
Truco	เคล็ดลับ

Ciudad
เมือง

Aeropuerto	สนามบิน
Banco	ธนาคาร
Biblioteca	ห้องสมุด
Cine	โรงภาพยนตร์
Clínica	คลินิก
Escuela	โรงเรียน
Estadio	สนามกีฬา
Farmacia	ร้านขายยา
Florista	ดอกไม้ดี
Galería	แกลเลอรี่
Hotel	โรงแรม
Librería	ร้านหนังสือ
Mercado	ตลาด
Museo	พิพิธภัณฑ์
Panadería	เบเกอรี่
Restaurante	ร้านอาหาร
Teatro	โรงละคร
Tienda	ร้าน
Universidad	มหาวิทยาลัย
Zoo	สวนสัตว์

Clima
สภาพอากาศ

Atmósfera	บรรยากาศ
Brisa	บรีซ
Cielo	ท้องฟ้า
Clima	สภาพอากาศ
Hielo	น้ำแข็ง
Huracán	พายุเฮอริเคน
Inundación	น้ำท่วม
Monzón	มรสุม
Niebla	หมอก
Nube	คลาวด์
Polar	โพลาร์
Rayo	ฟ้าผ่า
Seco	แห้ง
Sequía	แล้ง
Temperatura	อุณหภูมิ
Tormenta	พายุ
Tornado	พายุทอร์นาโด
Tropical	เขตร้อน
Trueno	ฟ้าร้อง
Viento	ลม

Cocina
ห้องครัว

Caldera	กาต้มน้ำ
Comer	กิน
Comida	อาหาร
Cucharas	ช้อน
Cucharón	ทัพพี
Cuchillos	มีด
Delantal	ผ้ากันเปื้อน
Especias	เครื่องเทศ
Esponja	ฟองน้ำ
Horno	เตาอบ
Jarra	เหยือก
Palillos	ตะเกียบ
Parrilla	ย่าง
Receta	สูตรอาหาร
Refrigerador	ตู้เย็น
Servilleta	ผ้าเช็ดปาก
Tazas	ถ้วย
Tazón	ชาม
Tenedores	ส้อม

Colores
สีสัน

Amarillo	สีเหลือง
Azul	สีน้ำเงิน
Azur	สีฟ้า
Beige	เบจ
Blanco	ขาว
Carmesí	สีแดงเข้ม
Fucsia	ฟูเชีย
Gris	เทา
Índigo	คราม
Magenta	สีม่วงแดง
Marrón	สีน้ำตาล
Naranja	ส้ม
Negro	สีดำ
Púrpura	สีม่วง
Rojo	แดง
Rosa	ชมพู
Sepia	ซีเปีย
Verde	เขียว

Comedia
ตลก

Actor	นักแสดง
Actriz	นักแสดงหญิง
Aplauso	เสียงปรบมือ
Audiencia	ผู้ชม
Chistes	เรื่องตลก
Diversión	สนุก
Expresivo	แสดงออก
Género	ประเภท
Gracioso	ตลก
Humor	อารมณ์ขัน
Improvisación	ปฏิภาณโวหาร
Inteligente	ฉลาด
Parodia	ล้อเลียน
Payasos	ตัวตลก
Risa	เสียงหัวเราะ
Teatro	โรงละคร
Televisión	โทรทัศน์

Comida #1
อาหาร #1

Ajo	กระเทียม
Albahaca	โหระพา
Atún	ทูน่า
Azúcar	น้ำตาล
Café	กาแฟ
Canela	อบเชย
Carne	เนื้อ
Cebada	บาร์เลย์
Cebolla	หัวหอม
Ensalada	สลัด
Espinacas	ผักโขม
Jugo	น้ำผลไม้
Leche	นม
Limón	มะนาว
Menta	มินต์
Nabo	หัวผักกาด
Pera	ลูกแพร์
Sal	เกลือ
Sopa	ซุป
Zanahoria	แครอท

Comida #2
อาหาร #2

Alcachofa	อาติโช๊ค
Almendra	อัลมอนด์
Apio	ขึ้นฉ่าย
Arroz	ข้าว
Berenjena	มะเขือ
Cereza	เชอร์รี่
Chocolate	ช็อคโกแลต
Girasol	ดอกทานตะวัน
Huevo	ไข่
Jengibre	ขิง
Kiwi	กีวี่
Manzana	แอปเปิ้ล
Pan	ขนมปัง
Plátano	กล้วย
Pollo	ไก่
Queso	ชีส
Tomate	มะเขือเทศ
Trigo	ข้าวสาลี
Uva	องุ่น
Yogur	โยเกิร์ต

Conduciendo
การขับรถ

Accidente	อุบัติเหตุ
Calle	ถนน
Camión	รถบรรทุก
Coche	รถ
Combustible	เชื้อเพลิง
Frenos	เบรค
Garaje	โรงรถ
Gas	แก๊ส
Licencia	ใบอนุญาต
Mapa	แผนที่
Motocicleta	รถจักรยานยนต์
Motor	เครื่องยนต์
Peatonal	คนเดินเท้า
Peligro	อันตราย
Policía	ตำรวจ
Seguridad	ความปลอดภัย
Transporte	การขนส่ง
Tráfico	การจราจร
Túnel	อุโมงค์
Velocidad	ความเร็ว

Conservación
อนุรักษ์

Agua	น้ำ
Ciclo	รอบ
Clima	ภูมิอากาศ
Contaminación	มลพิษ
Ecosistema	ระบบนิเวศ
Educación	การศึกษา
Hábitat	ที่อยู่อาศัย
Natural	เป็นธรรมชาติ
Orgánico	อินทรีย์
Pesticida	แมลง
Reciclar	รีไซเคิล
Reducir	ลด
Salud	สุขภาพ
Sostenible	ยั่งยืน
Verde	เขียว
Voluntario	อาสาสมัคร

Cuerpo Humano
ร่างกายมนุษย์

Barbilla	คาง
Boca	ปาก
Cabeza	หัว
Cara	หน้า
Cerebro	สมอง
Codo	ข้อศอก
Corazón	หัวใจ
Cuello	คอ
Dedo	นิ้ว
Hombro	ไหล่
Lengua	ลิ้น
Mano	มือ
Nariz	จมูก
Ojo	ตา
Oreja	หู
Piel	ผิว
Pierna	ขา
Rodilla	เข่า
Sangre	เลือด
Tobillo	ข้อเท้า

Cumpleaños
วันเกิด

Amigos	เพื่อน
Año	ปี
Aprender	เรียนรู้
Calendario	ปฏิทิน
Canción	เพลง
Celebración	งานฉลอง
Diversión	สนุก
Día	วัน
Especial	พิเศษ
Feliz	มีความสุข
Invitaciones	คำเชิญ
Joven	หนุ่มสาว
Nacer	เกิด
Pastel	เค้ก
Recuerdos	ความทรงจำ
Regalo	ของขวัญ
Sabiduría	ปัญญา
Tarjetas	ไพ่
Tiempo	เวลา
Velas	เทียน

Deportes
กีฬา

Atleta	นักกีฬา
Árbitro	ผู้ตัดสิน
Baloncesto	บาสเกตบอล
Béisbol	เบสบอล
Bicicleta	จักรยาน
Campeonato	ชิงแชมป์
Entrenador	โค้ช
Equipo	ทีม
Estadio	สนามกีฬา
Ganador	ผู้ชนะ
Gimnasia	ยิมนาสติก
Gimnasio	โรงยิม
Golf	กอล์ฟ
Hockey	ฮอกกี้
Juego	เกม
Jugador	ผู้เล่น
Movimiento	การเคลื่อนไหว
Tenis	เทนนิส

Dinosaurios
ไดโนเสาร์

Alas	ปีก
Carnívoro	สัตว์กินเนื้อ
Cola	หาง
Desaparición	หายตัวไป
Especie	สายพันธุ์
Evolución	วิวัฒนาการ
Fósiles	ฟอสซิล
Grande	ใหญ่
Herbívoro	สมุนไพร
Mamut	แมมมอธ
Omnívoro	ออมนิวอร์
Poderoso	ทรงพลัง
Presa	เหยื่อ
Raptor	แร็พเตอร์
Tamaño	ขนาด
Tierra	โลก
Vicioso	เลวร้าย

Disciplinas Científicas
สาขาวิชาวิทยาศาสตร์

Arqueología	โบราณคดี
Astronomía	ดาราศาสตร์
Biología	ชีววิทยา
Bioquímica	ชีวเคมี
Botánica	พฤกษศาสตร์
Ecología	นิเวศวิทยา
Fisiología	สรีรวิทยา
Geología	ธรณีวิทยา
Lingüística	ภาษาศาสตร์
Mecánica	กลศาสตร์
Meteorología	อุตุนิยมวิทยา
Mineralogía	แร่วิทยา
Neurología	ประสาทวิทยา
Nutrición	โภชนาการ
Psicología	จิตวิทยา
Química	เคมี
Robótica	หุ่นยนต์
Sociología	สังคมวิทยา
Termodinámica	อุณหพลศาสตร์
Zoología	สัตววิทยา

Días y Meses
วันและเดือน

Abril	เมษายน
Agosto	สิงหาคม
Año	ปี
Calendario	ปฏิทิน
Domingo	วันอาทิตย์
Enero	มกราคม
Febrero	กุมภาพันธ์
Jueves	วันพฤหัสบดี
Julio	กรกฎาคม
Junio	มิถุนายน
Lunes	วันจันทร์
Martes	วันอังคาร
Mes	เดือน
Miércoles	วันพุธ
Noviembre	พฤศจิกายน
Octubre	ตุลาคม
Sábado	วันเสาร์
Semana	สัปดาห์
Septiembre	กันยายน
Viernes	วันศุกร์

Ecología
นิเวศวิทยา

Clima	ภูมิอากาศ
Comunidades	ชุมชน
Diversidad	ความหลากหลาย
Especie	สายพันธุ์
Fauna	สัตว์ป่า
Flora	ฟลอรา
Global	ทั่วโลก
Hábitat	ที่อยู่อาศัย
Marino	ทะเล
Montañas	ภูเขา
Natural	เป็นธรรมชาติ
Naturaleza	ธรรมชาติ
Pantano	บึง
Recursos	ทรัพยากร
Sequía	แล้ง
Sostenible	ยั่งยืน
Supervivencia	การอยู่รอด
Vegetación	พืช
Voluntarios	อาสาสมัคร

Edificios
สิ่งปลูกสร้าง

Albergue	ที่พัก
Apartamento	อพาร์ทเม้น
Cabina	ห้าง
Casa	บ้าน
Castillo	ปราสาท
Cine	โรงภาพยนตร์
Embajada	สถานทูต
Escuela	โรงเรียน
Estadio	สนามกีฬา
Fábrica	โรงงาน
Garaje	โรงรถ
Granero	โรงนา
Granja	ฟาร์ม
Hospital	โรงพยาบาล
Hotel	โรงแรม
Museo	พิพิธภัณฑ์
Observatorio	หอดูดาว
Teatro	โรงละคร
Torre	หอคอย
Universidad	มหาวิทยาลัย

Emociones
อารมณ์ความรู้สึก

Aburrimiento	เบื่อ
Agradecido	กตัญญู
Alegría	จอย
Alivio	การบรรเทา
Amor	รัก
Bondad	ความเมตตา
Calma	สงบ
Contenido	เนื้อหา
Emocionado	ตื่นเต้น
Ira	ความโกรธ
Miedo	กลัว
Paz	สันติภาพ
Relajado	ผ่อนคลาย
Satisfecho	พอใจ
Sorpresa	เซอร์ไพรส์
Ternura	แผ่วๆ
Tranquilidad	ความสงบ
Tristeza	ความเศร้า

Escalada
ปีนเขา

Altitud	ระดับความสูง
Atmósfera	บรรยากาศ
Botas	รองเท้าบูท
Casco	หมวกนิรภัย
Cueva	ถ้ำ
Curiosidad	ความอยากรู้
Estabilidad	ความมั่นคง
Estrecho	แคบ
Experto	ผู้เชี่ยวชาญ
Físico	ทางกายภาพ
Formación	การอบรม
Fuerza	แรง
Guantes	ถุงมือ
Guías	คำแนะนำ
Lesión	บาดเจ็บ
Mapa	แผนที่
Terreno	ภูมิประเทศ

Escuela #1
โรงเรียน #1

Alfabeto	ตัวอักษร
Almuerzo	อาหารกลางวัน
Amigos	เพื่อน
Aprender	เรียนรู้
Aula	ห้องเรียน
Biblioteca	ห้องสมุด
Carpetas	โฟลเดอร์
Diversión	สนุก
Escritorio	โต๊ะ
Exámenes	สอบ
Lápiz	ดินสอ
Libros	หนังสือ
Matemática	คณิตศาสตร์
Números	หมายเลข
Papel	กระดาษ
Plumas	ปากกา
Profesor	ครู
Respuestas	ตอบ
Silla	เก้าอี้

Escuela #2
โรงเรียน #2

Amigos	เพื่อน
Autobús	รถเมล์
Biblioteca	ห้องสมุด
Borrador	ยางลบ
Calendario	ปฏิทิน
Ciencia	วิทยาศาสตร์
Diccionario	พจนานุกรม
Educación	การศึกษา
Gramática	ไวยากรณ์
Juegos	เกม
Lápiz	ดินสอ
Lectura	การอ่าน
Libros	หนังสือ
Literatura	วรรณกรรม
Ordenador	คอมพิวเตอร์
Papel	กระดาษ
Profesor	ครู
Ropa	เสื้อผ้า
Suministros	เสบียง
Tijeras	กรรไกร

Especias
เครื่องเทศ

Agrio	เปรี้ยว
Ajo	กระเทียม
Amargo	ขม
Anís	โป๊ยกั๊ก
Azafrán	หญ้าฝรั่น
Canela	อบเชย
Cebolla	หัวหอม
Clavo	กานพลู
Comino	ผงยี่หร่า
Curry	แกง
Dulce	หวาน
Hinojo	เม็ดยี่หร่า
Jengibre	ขิง
Nuez Moscada	นัทเม็ก
Pimentón	ปาปริก้า
Pimienta	พริกไทย
Regaliz	ชะเอมเทศ
Sabor	รสชาติ
Sal	เกลือ
Vainilla	วนิลา

Exploración
การสำรวจ

Actividad	กิจกรรม
Agotamiento	ความอ่อนเพลีย
Animales	สัตว์
Aprender	เรียนรู้
Coraje	ความกล้าหาญ
Culturas	วัฒนธรรม
Desconocido	ไม่ทราบ
Descubrimiento	การค้นพบ
Determinación	การกำหนด
Distante	ไกล
Emoción	ความตื่นเต้น
Espacio	อวกาศ
Idioma	ภาษา
Nuevo	ใหม่
Salvaje	ป่า
Terreno	ภูมิประเทศ
Viaje	เดินทาง

Familia
ครอบครัว

Abuela	ยาย
Abuelo	ปู่
Antepasado	บรรพบุรุษ
Esposa	ภรรยา
Gemelos	ฝาแฝด
Hermana	น้องสาว
Hermano	น้องชาย
Hija	ลูกสาว
Infancia	วัยเด็ก
Madre	แม่
Marido	สามี
Materno	มารดา
Nieto	หลาน
Niño	เด็ก
Padre	พ่อ
Primo	ลูกพี่ลูกน้อง
Sobrina	หลานสาว
Sobrino	หลานชาย
Tía	ป้า
Tío	ลุง

Flores
ดอกไม้

Amapola	ป๊อปปี้
Caléndula	ดาวเรือง
Diente de León	แดนดิไลออน
Gardenia	พุด
Girasol	ดอกทานตะวัน
Hibisco	ชบา
Jazmín	มะลิ
Lavanda	ลาเวนเดอร์
Lila	ม่วง
Lirio	ลิลลี่
Magnolia	แมกโนเลีย
Margarita	เดซี่
Orquídea	กล้วยไม้
Pasionaria	เสาวรส
Peonía	โบตั๋น
Pétalo	กลีบ
Ramo	ช่อดอกไม้
Rosa	กุหลาบ
Trébol	โคลเวอร์
Tulipán	ทิวลิป

Fruta
ผลไม้

Aguacate	อาโวคาโด
Albaricoque	แอปริคอท
Baya	เบอร์รี่
Cereza	เชอร์รี่
Coco	มะพร้าว
Frambuesa	ราสเบอร์รี่
Guayaba	ฝรั่ง
Kiwi	กีวี่
Limón	มะนาว
Mango	มะม่วง
Manzana	แอปเปิ้ล
Melocotón	พีช
Melón	เมลอน
Naranja	ส้ม
Nectarina	เนคทารีน
Papaya	มะละกอ
Pera	ลูกแพร์
Piña	สับปะรด
Plátano	กล้วย
Uva	องุ่น

Gatos
แมว

Cazador	ฮันเตอร์
Cola	หาง
Dormir	นอน
Garra	กรงเล็บ
Gracioso	ตลก
Hilo	เส้นด้าย
Independiente	อิสระ
Juguetón	ขี้เล่น
Loco	บ้า
Pata	พาว
Personalidad	บุคลิกภาพ
Piel	ขน
Poco	น้อย
Ratón	หนู
Rápido	เร็ว
Salvaje	ป่า
Tímido	อาย

Geografía
ภูมิศาสตร์

Altitud	ระดับความสูง
Atlas	แอตลาส
Ciudad	เมือง
Continente	ทวีป
Hemisferio	ซีกโลก
Isla	เกาะ
Latitud	ละติจูด
Longitud	เส้นแวง
Mapa	แผนที่
Mar	ทะเล
Meridiano	เมอริเดียน
Montaña	ภูเขา
Mundo	โลก
Norte	ทิศเหนือ
Oeste	ตะวันตก
País	ประเทศ
Región	ภาค
Río	แม่น้ำ
Sur	ใต้
Territorio	อาณาเขต

Geología
ธรณีวิทยา

Ácido	กรด
Calcio	แคลเซียม
Capa	ชั้น
Caverna	ถ้ำ
Continente	ทวีป
Coral	ปะการัง
Cristales	คริสตัล
Cuarzo	ควอทซ์
Erosión	ร่อน
Estalactita	หินย้อย
Estalagmitas	หินงอก
Fósil	ฟอสซิล
Géiser	ไกเซอร์
Lava	ลาวา
Meseta	ที่ราบสูง
Minerales	แร่ธาตุ
Piedra	หิน
Sal	เกลือ
Terremoto	แผ่นดินไหว
Volcán	ภูเขาไฟ

Granja #1
ฟาร์ม #1

Abeja	ผึ้ง
Agricultura	เกษตรกรรม
Agua	น้ำ
Arroz	ข้าว
Burro	ลา
Caballo	ม้า
Cabra	แพะ
Campo	สนาม
Cuervo	อีกา
Fertilizante	ปุ๋ย
Gato	แมว
Heno	ฟาง
Miel	น้ำผึ้ง
Perro	หมา
Pollo	ไก่
Semillas	เมล็ด
Ternero	น่อง
Tierra	ที่ดิน
Vaca	วัว
Valla	รั้ว

Granja #2
ฟาร์ม #2

Agricultor	ชาวนา
Animales	สัตว์
Cebada	บาร์เล่ย์
Colmena	รังผึ้ง
Comida	อาหาร
Cordero	ลูกแกะ
Fruta	ผลไม้
Granero	โรงนา
Huerto	สวนผลไม้
Leche	นม
Llama	ลามา
Maíz	ข้าวโพด
Oveja	แกะ
Pastor	คนเลี้ยงแกะ
Pato	เป็ด
Prado	ทุ่งหญ้า
Riego	ชลประทาน
Tractor	รถแทรกเตอร์
Trigo	ข้าวสาลี
Vegetal	ผัก

Herboristería
ยาสมุนไพร

Ajo	กระเทียม
Albahaca	โหระพา
Aromático	หอม
Azafrán	หญ้าฝรั่น
Calidad	คุณภาพ
Culinario	การทำอาหาร
Eneldo	ผักชีลาว
Estragón	ทาร์รากอน
Flor	ดอกไม้
Hinojo	เม็ดยี่หร่า
Ingrediente	ส่วนผสม
Jardín	สวน
Lavanda	ลาเวนเดอร์
Mejorana	มาร์โจแรม
Menta	มินต์
Perejil	ผักชีฝรั่ง
Planta	ปลูก
Romero	โรสแมรี่
Sabor	รสชาติ
Verde	เขียว

Herramientas
เครื่องมือ

Alicates	คีม
Antorcha	คบเพลิง
Cable	สายเคเบิล
Cuchillo	มีด
Cuerda	เชือก
Escalera	บันได
Hacha	ขวาน
Martillo	ค้อน
Mazo	ตะลุมพุก
Navaja	มีดโกน
Pala	พลั่ว
Pegamento	กาว
Regla	ไม้บรรทัด
Rueda	ล้อ
Tijeras	กรรไกร
Tornillo	สกรู

Insectos
แมลง

Abeja	ผึ้ง
Avispa	ต่อ
Avispón	แตน
Áfido	เพลี้ย
Cigarra	จักจั่น
Cucaracha	แมลงสาบ
Escarabajo	ด้วง
Gusano	หนอน
Hormiga	มด
Langosta	ปาทังกา
Larva	ตัวอ่อน
Libélula	แมลงปอ
Mantis	กงแตนแตน
Mariposa	ผีเสื้อ
Mariquita	เต่าทอง
Mosquito	ยุง
Polilla	มอด
Pulga	เห็บ
Saltamontes	ตั๊กแตน
Termita	ปลวก

Instrumentos Musicales
เครื่องดนตรี

Armónica	ฮาร์โมนิก้า
Arpa	ฮาร์ป
Banjo	แบนโจ
Baquetas	ไม้ตีกลอง
Clarinete	คลาริเน็ต
Fagot	ปี่บาสซูน
Flauta	ขลุ่ย
Gong	ฆ้อง
Guitarra	กีตาร์
Mandolina	แมนโดลิน
Marimba	มาริมบา
Oboe	โอโบ
Pandereta	แทมบูรีน
Piano	เปียโน
Saxofón	แซกโซโฟน
Tambor	กลอง
Trombón	ทรอมโบน
Trompeta	แตร
Violín	ไวโอลิน
Violonchelo	เชลโล

Jardín
สวนหย่อม

Arbusto	บุช
Árbol	ต้นไม้
Banco	ม้านั่ง
Césped	สนามหญ้า
Estanque	บ่อน้ำ
Flor	ดอกไม้
Garaje	โรงรถ
Hamaca	เปลญวน
Hierba	หญ้า
Huerto	สวนผลไม้
Jardín	สวน
Malezas	วัชพืช
Manguera	ท่อ
Pala	พลั่ว
Porche	ระเบียง
Rastrillo	คราด
Suelo	ดิน
Terraza	ชานบ้าน
Trampolín	แทรมโพลีน
Valla	รั้ว

Juguetes
ของเล่น

Ajedrez	หมากรุก
Arcilla	เคลย์
Artesanía	งานฝีมือ
Avión	เครื่องบิน
Barco	เรือ
Bicicleta	จักรยาน
Bola	ลูกบอล
Camión	รถบรรทุก
Coche	รถ
Cometa	ว่าว
Favorito	ที่ชื่นชอบ
Imaginación	จินตนาการ
Juegos	เกม
Libros	หนังสือ
Muñeca	ตุ๊กตา
Pinturas	สี
Robot	หุ่นยนต์
Rompecabezas	ปริศนา
Tambores	กลอง
Tren	รถไฟ

Libros
หนังสือ

Autor	ผู้เขียน
Aventura	การผจญภัย
Colección	ชุด
Contexto	บริบท
Dualidad	ความเป็นคู่
Escrito	เขียน
Historia	เรื่องราว
Histórico	ประวัติศาสตร์
Humorístico	ตลก
Inventivo	ประดิษฐ์
Lector	ผู้อ่าน
Literario	วรรณกรรม
Narrador	ผู้บรรยาย
Novela	นิยาย
Palabras	คำ
Página	หน้า
Pertinente	ที่เกี่ยวข้อง
Poema	กลอน
Poesía	บทกวี
Trágico	อนาถ

Literatura
วรรณกรรม

Analogía	อะนาล็อก
Análisis	การวิเคราะห์
Autor	ผู้เขียน
Biografía	ชีวประวัติ
Conclusión	บทสรุป
Descripción	ลักษณะ
Diálogo	บทพูด
Estilo	รูปแบบ
Género	ประเภท
Metáfora	คำอุปมา
Narrador	ผู้บรรยาย
Narrativa	เรื่องเล่า
Novela	นิยาย
Opinión	ความเห็น
Poema	กลอน
Poético	บทกวี
Rima	สัมผัส
Ritmo	จังหวะ
Tema	ธีม
Tragedia	โศกนาฏกรรม

Mamíferos
สัตว์เลี้ยงลูกด้วยนม

Ballena	วาฬ
Burro	ลา
Caballo	ม้า
Camello	อูฐ
Canguro	จิงโจ้
Cebra	ม้าลาย
Conejo	กระต่าย
Coyote	โคโยตี้
Delfín	ปลาโลมา
Elefante	ช้าง
Gato	แมว
Gorila	กอริลลา
Jirafa	ยีราฟ
Lobo	หมาป่า
Mono	ลิง
Oso	หมี
Oveja	แกะ
Perro	หมา
Toro	โค
Zorro	ฟ็อกซ์

Mascotas
สัตว์เลี้ยง

Agua	น้ำ
Cabra	แพะ
Cachorro	ลูกหมา
Cola	หาง
Collar	ป
Comida	อาหาร
Conejo	กระต่าย
Correa	สายจูง
Garras	กรงเล็บ
Gato	แมว
Hámster	แฮมสเตอร์
Lagarto	กิ้งก่า
Loro	นกแก้ว
Patas	อุ้งเท้า
Perro	หมา
Pescado	ปลา
Ratón	หนู
Tortuga	เต่า
Vaca	วัว
Veterinario	สัตวแพทย์

Matemáticas
คณิตศาสตร์

Aritmética	เลขคณิต
Ángulos	มุม
Circunferencia	เส้นรอบวง
Decimal	ทศนิยม
División	แผนก
Ecuación	สมการ
Exponente	ตัวแทน
Fracción	เศษส่วน
Geometría	เรขาคณิต
Grados	องศา
Números	หมายเลข
Paralelo	ขนาน
Perímetro	ขอบ
Perpendicular	ตั้งฉาก
Radio	รัศมี
Simetría	สมมาตร
Suma	รวม
Triángulo	สามเหลี่ยม
Volumen	ระดับเสียง

Mediciones
การวัด

Altura	ความสูง
Ancho	ความกว้าง
Byte	ไบต์
Centímetro	เซนติเมตร
Decimal	ทศนิยม
Grado	องศา
Gramo	กรัม
Kilogramo	กิโลกรัม
Kilómetro	กิโลเมตร
Litro	ลิตร
Longitud	ความยาว
Masa	มวล
Metro	เมตร
Minuto	นาที
Onza	ออนซ์
Peso	น้ำหนัก
Profundidad	ความลึก
Pulgada	นิ้ว
Tonelada	ตัน
Volumen	ระดับเสียง

Meditación
การทำสมาธิ

Aceptación	การยอมรับ
Atención	ความสนใจ
Bondad	ความเมตตา
Calma	สงบ
Claridad	ความชัดเจน
Emociones	อารมณ์
Felicidad	ความสุข
Gratitud	ความกตัญญู
Mental	จิต
Mente	ใจ
Movimiento	การเคลื่อนไหว
Música	ดนตรี
Naturaleza	ธรรมชาติ
Observación	การสังเกต
Paz	สันติภาพ
Pensamientos	ความคิด
Perspectiva	มุมมอง
Postura	ท่าทาง
Respiración	การหายใจ
Silencio	ความเงียบ

Mitología
ตำนานเทพนิยาย

Arquetipo	ต้นแบบ
Celos	ความหึงหวง
Cielo	สวรรค์
Comportamiento	พฤติกรรม
Creación	การสร้าง
Creencias	ความเชื่อ
Criatura	สิ่งมีชีวิต
Cultura	วัฒนธรรม
Desastre	ภัยพิบัติ
Fuerza	แรง
Guerrero	นักรบ
Héroe	ฮีโร่
Inmortalidad	อมตภาพ
Laberinto	เขาวงกต
Leyenda	ตำนาน
Monstruo	สัตว์ประหลาด
Mortal	ยแร
Rayo	ฟ้าผ่า
Trueno	ฟ้าร้อง
Venganza	แก้แค้น

Mueble
เฟอร์นิเจอร์

Alfombra	พรม
Almohada	หมอน
Armario	อาร์มัวร์
Banco	ม้านั่ง
Cama	เตียง
Cojines	หมอนอิง
Colchón	ที่นอน
Cortinas	ผ้าม่าน
Edredones	ผ้านวม
Escritorio	โต๊ะ
Espejo	กระจก
Estantería	ตู้หนังสือ
Estantes	ชั้นวาง
Futón	ฟูก
Hamaca	เปลญวน
Lámpara	โคมไฟ
Silla	เก้าอี้
Sofá	โซฟา

Naturaleza
ธรรมชาติ

Abejas	ผึ้ง
Acantilados	หน้าผา
Animales	สัตว์
Ártico	อาร์กติก
Belleza	ความงาม
Bosque	ป่า
Desierto	ทะเลทราย
Dinámico	พลวัต
Erosión	ร่อน
Follaje	ใบไม้
Glaciar	ธารน้ำแข็ง
Montañas	ภูเขา
Niebla	หมอก
Nubes	เมฆ
Pacífico	สงบ
Refugio	ที่หลบภัย
Río	แม่น้ำ
Sereno	นิ่ง
Tropical	เขตร้อน
Vital	สำคัญมาก

Nutrición
โภชนาการ

Amargo	ขม
Apetito	ความกระหาย
Calidad	คุณภาพ
Calorías	แคลอรี่
Carbohidratos	คาร์โบไฮเดรต
Cereales	ซีเรียล
Comestible	กินได้
Dieta	อาหาร
Digestión	การย่อย
Equilibrado	สมดุล
Fermentación	การหมัก
Nutriente	สารอาหาร
Peso	น้ำหนัก
Proteínas	โปรตีน
Sabor	รสชาติ
Salsa	ซอส
Salud	สุขภาพ
Saludable	แข็งแรง
Toxina	พิษ
Vitamina	วิตามิน

Números
ตัวเลข

Catorce	สิบสี่
Cero	ศูนย์
Cinco	ห้า
Cuatro	สี่
Decimal	ทศนิยม
Diecinueve	สิบเก้า
Dieciocho	สิบแปด
Dieciséis	สิบหก
Diecisiete	สิบเจ็ด
Diez	สิบ
Doce	สิบสอง
Dos	สอง
Nueve	เก้า
Ocho	แปด
Quince	สิบห้า
Seis	หก
Siete	เจ็ด
Trece	สิบสาม
Tres	สาม
Veinte	ยี่สิบ

Océano
มหาสมุทร

Alga	สาหร่าย
Anguila	ปลาไหล
Arrecife	รีฟ
Atún	ทูน่า
Ballena	วาฬ
Barco	เรือ
Camarón	กุ้ง
Cangrejo	ปู
Coral	ปะการัง
Delfín	ปลาโลมา
Esponja	ฟองน้ำ
Mareas	น้ำขึ้นน้ำลง
Medusa	แมงกะพรุน
Ostra	หอยนางรม
Pescado	ปลา
Pulpo	ปลาหมึกยักษ์
Sal	เกลือ
Tiburón	ฉลาม
Tormenta	พายุ
Tortuga	เต่า

Paisajes
ทิวทัศน์

Cascada	น้ำตก
Cueva	ถ้ำ
Desierto	ทะเลทราย
Estuario	ปากน้ำ
Géiser	ไกเซอร์
Glaciar	ธารน้ำแข็ง
Iceberg	ภูเขาน้ำแข็ง
Isla	เกาะ
Lago	ทะเลสาบ
Laguna	ลากูน
Mar	ทะเล
Montaña	ภูเขา
Oasis	โอเอซิส
Pantano	บึง
Península	คาบสมุทร
Playa	ชายหาด
Río	แม่น้ำ
Tundra	ทุนดรา
Valle	หุบเขา
Volcán	ภูเขาไฟ

Países #2
ประเทศ #2

Albania	แอลเบเนีย
Australia	ออสเตรเลีย
Austria	ออสเตรีย
Dinamarca	เดนมาร์ก
Etiopía	เอธิโอเปีย
Francia	ฝรั่งเศส
Grecia	กรีซ
Indonesia	อินโดนีเซีย
Irlanda	ไอร์แลนด์
Jamaica	จาไมก้า
Japón	ญี่ปุ่น
Laos	ลาว
México	เม็กซิโก
Pakistán	ปากีสถาน
Portugal	โปรตุเกส
Rusia	รัสเซีย
Siria	ซีเรีย
Sudán	ซูดาน
Ucrania	ยูเครน
Uganda	ยูกันดา

Pájaros
นก

Avestruz	นกกระจอกเทศ
Águila	อินทรี
Cigüeña	นกกระสา
Cisne	หงส์
Cuco	นกกาเหว่า
Cuervo	อีกา
Flamenco	ฟลามิงโก
Ganso	ห่าน
Garza	กระสา
Gaviota	นางนวล
Gorrión	กระจอก
Halcón	เหยี่ยว
Huevo	ไข่
Loro	นกแก้ว
Paloma	นกพิราบ
Pato	เป็ด
Pelícano	นกกระทุง
Pingüino	เพนกวิน
Pollo	ไก่
Tucán	ทูแคน

Perros
สุนัข

Amistoso	เป็นมิตร
Cachorro	ลูกหมา
Compañero	สหาย
Correa	สายจูง
Diversión	สนุก
Formación	การอบรม
Grande	ใหญ่
Hueso	กระดูก
Instintos	สัญชาตญาณ
Leal	ซื่อสัตย์
Mascota	สัตว์เลี้ยง
Obediente	เชื่อฟัง
Peludo	ขนยาว
Pequeño	เล็ก
Suave	อ่อนโยน
Terco	ดื้อ

Pesca
ตกปลา

Agua	น้ำ
Aletas	ครีบ
Barco	เรือ
Branquias	เหงือก
Cable	ลวด
Cebo	เหยื่อ
Cesta	ตะกร้า
Cocinar	ทำอาหาร
Equipo	อุปกรณ์
Gancho	ตะขอ
Lago	ทะเลสาบ
Mandíbula	ขากรรไกร
Océano	มหาสมุทร
Paciencia	ความอดทน
Peso	น้ำหนัก
Playa	ชายหาด
Río	แม่น้ำ
Temporada	ฤดู

Piratas
โจรสลัด

Ancla	สมอ
Aventura	การผจญภัย
Bandera	ธง
Brújula	เข็มทิศ
Capitán	กัปตัน
Cicatriz	แผลเป็น
Cueva	ถ้ำ
Espada	ดาบ
Isla	เกาะ
Leyenda	ตำนาน
Loro	นกแก้ว
Malo	แย่
Mapa	แผนที่
Monedas	เหรียญ
Oro	ทอง
Peligro	อันตราย
Playa	ชายหาด
Ron	รัม
Tesoro	สมบัติ
Tripulación	ลูกเรือ

Plantas
พืช

Arbusto	บุช
Árbol	ต้นไม้
Bambú	ไม้ไผ่
Baya	เบอร์รี่
Bosque	ป่า
Botánica	พฤกษศาสตร์
Cactus	กระบองเพชร
Fertilizante	ปุ๋ย
Flor	ดอกไม้
Flora	ฟลอรา
Follaje	ใบไม้
Frijol	ถั่ว
Hiedra	ไอวี่
Hierba	หญ้า
Jardín	สวน
Musgo	มอสส์
Pétalo	กลีบ
Raíz	ราก
Sol	ดวงอาทิตย์
Vegetación	พืช

Playa
ชายหาด

Arena	ทราย
Arrecife	รีฟ
Azul	สีน้ำเงิน
Barco	เรือ
Cangrejo	ปู
Costa	ชายฝั่ง
Isla	เกาะ
Laguna	ลากูน
Mar	ทะเล
Océano	มหาสมุทร
Paraguas	ร่ม
Sandalias	รองเท้าแตะ
Sol	ดวงอาทิตย์
Toalla	ผ้าขนหนู
Vacaciones	วันหยุด
Velero	เรือใบ

Profesiones #1
วิชาชีพ #1

Abogado	ทนายความ
Astrónomo	นักดาราศาสตร์
Atleta	นักกีฬา
Bailarín	นักเต้น
Banquero	นายธนาคาร
Bombero	ดับเพลิง
Cazador	ฮันเตอร์
Doctor	หมอ
Editor	บรรณาธิการ
Embajador	เอกอัครราชทูต
Enfermera	พยาบาล
Entrenador	โค้ช
Fontanero	ช่างประปา
Geólogo	นักธรณีวิทยา
Joyero	อัญมณี
Marinero	กะลาสี
Músico	นักดนตรี
Pianista	นักเปียโน
Psicólogo	นักจิตวิทยา
Veterinario	สัตวแพทย์

Profesiones #2
วิชาชีพ #2

Agricultor	ชาวนา
Astronauta	นักบินอวกาศ
Bibliotecario	บรรณารักษ์
Biólogo	นักชีววิทยา
Cirujano	ศัลยแพทย์
Dentista	ทันตแพทย์
Detective	นักสืบ
Filósofo	นักปรัชญา
Fotógrafo	ช่างภาพ
Ingeniero	วิศวกร
Inventor	นักประดิษฐ์
Investigador	นักวิจัย
Jardinero	คนสวน
Lingüista	นักภาษาศาสตร์
Médico	แพทย์
Periodista	นักข่าว
Piloto	นักบิน
Pintor	จิตรกร
Profesor	ครู
Zoólogo	นักสัตววิทยา

Rellenar
เพื่อเติมเต็ม

Bandeja	ถาด
Bañera	อ่างอาบน้ำ
Barril	บาร์เรล
Bolsa	ถุง
Bolsillo	กระเป๋า
Botella	ขวด
Caja	กล่อง
Cajón	ลิ้นชัก
Carpeta	โฟลเดอร์
Cartón	กล่องกระดาษ
Cesta	ตะกร้า
Cubo	ถัง
Cuenca	อ่าง
Jarrón	แจกัน
Paquete	ห่อ
Sobre	ซองจดหมาย
Tubo	หลอด

Restaurante #1
ร้านอาหาร #1

Alergia	ภูมิแพ้
Café	กาแฟ
Cajero	แคชเชียร์
Camarera	พนักงานเสิร์ฟ
Carne	เนื้อ
Cocina	ครัว
Comer	กิน
Comida	อาหาร
Cuchillo	มีด
Ingredientes	ส่วนผสม
Menú	เมนู
Pan	ขนมปัง
Picante	เผ็ด
Plato	จาน
Pollo	ไก่
Postre	ขนม
Reserva	การจอง
Salsa	ซอส
Servilleta	ผ้าเช็ดปาก
Tazón	ชาม

Restaurante #2
ร้านอาหาร #2

Agua	น้ำ
Almuerzo	อาหารกลางวัน
Bebida	เครื่องดื่ม
Camarero	บริกร
Cena	อาหารเย็น
Cuchara	ช้อน
Delicioso	อร่อย
Ensalada	สลัด
Especias	เครื่องเทศ
Fideos	ก๋วยเตี๋ยว
Fruta	ผลไม้
Hielo	น้ำแข็ง
Huevos	ไข่
Pastel	เค้ก
Pescado	ปลา
Sal	เกลือ
Silla	เก้าอี้
Sopa	ซุป
Tenedor	ส้อม
Verduras	ผัก

Ropa
เสื้อผ้า

Abrigo	เสื้อโค้ท
Bufanda	ผ้าพันคอ
Calcetines	ถุงเท้า
Camisa	เสื้อ
Chaqueta	แจ็คเก็ต
Cinturón	เข็มขัด
Collar	สร้อยคอ
Delantal	ผ้ากันเปื้อน
Falda	กระโปรง
Guantes	ถุงมือ
Jeans	ยีนส์
Moda	แฟชั่น
Pantalones	กางเกง
Pijama	ชุดนอน
Pulsera	สร้อยข้อมือ
Sandalias	รองเท้าแตะ
Sombrero	หมวก
Suéter	เสื้อคลุม
Vestido	ชุด
Zapato	รองเท้า

Selva Tropical
ป่าฝน

Botánico	พฤกษศาสตร์
Clima	ภูมิอากาศ
Comunidad	ชุมชน
Diversidad	ความหลากหลาย
Especie	สายพันธุ์
Indígena	ชนพื้นเมือง
Insectos	แมลง
Musgo	มอสส์
Naturaleza	ธรรมชาติ
Nubes	เมฆ
Pájaros	นก
Preservación	การถนอม
Refugio	ที่หลบภัย
Respeto	เคารพ
Restauración	การฟื้นฟู
Selva	ป่า
Supervivencia	การอยู่รอด
Valioso	มีค่า

Senderismo
เดินป่า

Acantilado	หน้าผา
Agua	น้ำ
Animales	สัตว์
Botas	รองเท้าบูท
Cansado	เหนื่อย
Clima	ภูมิอากาศ
Guías	คำแนะนำ
Mapa	แผนที่
Montaña	ภูเขา
Mosquitos	ยุง
Naturaleza	ธรรมชาติ
Orientación	ปฐมนิเทศ
Pesado	หนัก
Piedras	หิน
Preparación	การตระเตรียม
Salvaje	ป่า
Sol	ดวงอาทิตย์

Suministros de Arte
อุปกรณ์ศิลปะ

Aceite	น้ำมัน
Acrílico	อะคริลิค
Acuarelas	สีน้ำ
Agua	น้ำ
Arcilla	เคลย์
Borrador	ยางลบ
Caballete	ขาตั้ง
Carbón	ถ่าน
Cámara	กล้อง
Cepillos	แปรง
Colores	สี
Ideas	ไอเดีย
Lápices	ดินสอ
Mesa	โต๊ะ
Papel	กระดาษ
Pasteles	พาส
Pegamento	กาว
Silla	เก้าอี้
Tinta	หมึก

Surf
โต้คลื่น

Arrecife	รีฟ
Atleta	นักกีฬา
Campeón	แชมป์
Clima	สภาพอากาศ
Diversión	สนุก
Espuma	โฟม
Estilo	รูปแบบ
Estómago	ท้อง
Extremo	สุดขีด
Fuerza	แรง
Multitudes	ฝูงชน
Océano	มหาสมุทร
Ola	คลื่น
Playa	ชายหาด
Popular	เป็นที่นิยม
Principiante	มือใหม่
Rociar	สเปรย์
Velocidad	ความเร็ว

Tecnología
เทคโนโลยี

Archivo	ไฟล์
Blog	บล็อก
Bytes	ไบต์
Cámara	กล้อง
Cursor	เคอร์เซอร์
Datos	ข้อมูล
Digital	ดิจิทัล
Estadísticas	สถิติ
Fuente	แบบอักษร
Internet	อินเทอร์เน็ต
Investigación	วิจัย
Mensaje	ข้อความ
Navegador	เบราว์เซอร์
Ordenador	คอมพิวเตอร์
Pantalla	หน้าจอ
Seguridad	ความปลอดภัย
Software	ซอฟต์แวร์
Virtual	เสมือน
Virus	ไวรัส

Tiempo
เวลา

Ahora	ตอนนี้
Antes	ก่อน
Anual	ประจำปี
Año	ปี
Ayer	เมื่อวาน
Calendario	ปฏิทิน
Década	ทศวรรษ
Día	วัน
Futuro	อนาคต
Hora	ชั่วโมง
Hoy	วันนี้
Mañana	เช้า
Mediodía	เที่ยง
Mes	เดือน
Minuto	นาที
Momento	ขณะ
Noche	กลางคืน
Reloj	นาฬิกา
Semana	สัปดาห์
Siglo	ศตวรรษ

Tipos de Cabello
ประเภทผม

Blanco	ขาว
Brillante	เงา
Cabelludo	หนังศีรษะ
Calvo	หัวล้าน
Corto	สั้น
Delgada	บาง
Gris	สีเทา
Grueso	หนา
Largo	ยาว
Marrón	สีน้ำตาล
Negro	สีดำ
Ondulado	หยัก
Plata	เงิน
Rizado	หยิก
Rubio	สีบลอนด์
Saludable	แข็งแรง
Seco	แห้ง
Suave	อ่อนนุ่ม
Trenzado	ถัก
Trenzas	ถักเปีย

Vacaciones #2
วันหยุด #2

Aeropuerto	สนามบิน
Carpa	เต็นท์
Destino	ปลายทาง
Extranjero	ชาวต่างชาติ
Fotos	ภาพถ่าย
Hotel	โรงแรม
Isla	เกาะ
Mapa	แผนที่
Mar	ทะเล
Montañas	ภูเขา
Ocio	เวลาว่าง
Playa	ชายหาด
Reservas	จอง
Restaurante	ร้านอาหาร
Taxi	แท็กซี่
Transporte	การขนส่ง
Tren	รถไฟ
Vacaciones	วันหยุด
Viaje	การเดินทาง
Visa	วีซ่า

Vehículos
ยานพาหนะ

Ambulancia	รถพยาบาล
Autobús	รถเมล์
Avión	เครื่องบิน
Balsa	แพ
Barco	เรือ
Bicicleta	จักรยาน
Camión	รถบรรทุก
Caravana	คาราวาน
Coche	รถ
Cohete	จรวด
Ferry	เรือข้ามฟาก
Helicóptero	เฮลิคอปเตอร์
Lanzadera	กระสวย
Metro	รถไฟใต้ดิน
Motor	เครื่องยนต์
Neumáticos	ยาง
Submarino	เรือดำน้ำ
Taxi	แท็กซี่
Tractor	รถแทรกเตอร์
Tren	รถไฟ

Verano
ฤดูร้อน

Alegría	จอย
Amigos	เพื่อน
Buceo	ดำน้ำ
Comida	อาหาร
Estrellas	ดาว
Familia	ครอบครัว
Hogar	บ้าน
Jardín	สวน
Juegos	เกม
Libros	หนังสือ
Mar	ทะเล
Música	ดนตรี
Ocio	เวลาว่าง
Playa	ชายหาด
Recuerdos	ความทรงจำ
Relajación	ผ่อนคลาย
Sandalias	รองเท้าแตะ
Vacaciones	วันหยุด
Viaje	เดินทาง

Verduras
ผักสด

Ajo	กระเทียม
Alcachofa	อาติโช๊ค
Apio	ขึ้นฉ่าย
Berenjena	มะเขือ
Brócoli	บรอกโคลี
Calabaza	ฟักทอง
Cebolla	หัวหอม
Ensalada	สลัด
Espinacas	ผักโขม
Guisante	ถั่ว
Jengibre	ขิง
Nabo	หัวผักกาด
Oliva	มะกอก
Patata	มันฝรั่ง
Pepino	แตงกวา
Perejil	ผักชีฝรั่ง
Rábano	หัวไชเท้า
Seta	เห็ด
Tomate	มะเขือเทศ
Zanahoria	แครอท

Enhorabuena

Lo has conseguido!

Esperamos que hayas disfrutado de este libro tanto como nosotros al diseñarlo. Nos esforzamos por crear libros de la máxima calidad posible.
Esta edición está diseñada para proporcionar un aprendizaje inteligente, de calidad y divertido!

¿Te ha gustado este libro?

Una Petición Sencilla

Estos libros existen gracias a las reseñas que se publican.
¿Podrías ayudarnos dejando una reseña ahora?
Aquí tienes un breve enlace a la página de reseñas

BestBooksActivity.com/Opiniones50

¡DESAFÍO FINAL!

Reto n°1

¿Estás listo para tu juego gratis? Los utilizamos siempre, pero no son tan fáciles de encontrar. ¡Aquí están los **Sinónimos!**

Escribe 5 palabras que hayas encontrado en los rompecabezas (#21, #36, #76) y trata de encontrar 2 sinónimos para cada palabra.

Escriba 5 palabras del *Puzzle 21*

Palabras	Sinónimo 1	Sinónimo 2

Escriba 5 palabras del *Puzzle 36*

Palabras	Sinónimo 1	Sinónimo 2

Escriba 5 palabras del *Puzzle 76*

Palabras	Sinónimo 1	Sinónimo 2

Reto n°2

Ahora que te has calentado, escribe 5 palabras que hayas encontrado en los Puzzles 9, 17 y 25 e intenta encontrar 2 antónimos para cada palabra. ¿Cuántos puedes encontrar en 20 minutos?

Escriba 5 palabras del **Puzzle 9**

Palabras	Antónimo 1	Antónimo 2

Escriba 5 palabras del **Puzzle 17**

Palabras	Antónimo 1	Antónimo 2

Escriba 5 palabras del **Puzzle 25**

Palabras	Antónimo 1	Antónimo 2

Reto n°3

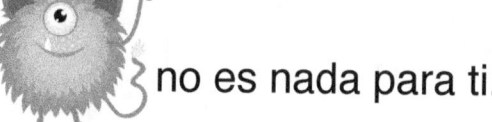

¡Genial! Este desafío final  no es nada para ti.

¿Preparado para el reto final? Elige 10 palabras que hayas descubierto en los diferentes rompecabezas y escríbelas a continuación.

1.	6.
2.	7.
3.	8.
4.	9.
5.	10.

Ahora escribe un texto pensando en una persona, un animal o un lugar que te guste.

Puedes usar la última página de este libro como borrador.

Tu Composición:

CUADERNO DE NOTAS :

HASTA PRONTO !

Todo el Equipo